LA CLAVE DE LA RIQUEZA ERES TÚ

LA CLAVE DE LA RIQUEZA ERES TÚ

APRENDE A INVERTIR CON ÉXITO Y
TRANSFORMA TU RELACIÓN CON EL DINERO

LINDA
GARCÍA

Traducción de Cecilia Molinari

HarperCollins *Español*

Este libro está destinado a proporcionar a los lectores una visión general de los mercados financieros y su funcionamiento. No pretende ser una guía de inversión definitiva ni sustituir las recomendaciones de un asesor financiero cualificado u otro profesional. Dado el riesgo involucrado en casi cualquier tipo de inversión, no hay garantía de que los métodos sugeridos en este libro sean rentables. Por lo tanto, ni la editorial ni el autor asumen responsabilidad alguna por cualquier pérdida que pueda sufrir como resultado de la aplicación de estos métodos. Todo tipo de responsabilidad queda expresamente descartada.

Los libros de HarperCollins Español pueden ser adquiridos con fines educativos, empresariales o promocionales. Para más información, envíe un correo electrónico a SPsales@harpercollins.com.

Título original: *Wealth Warrior*

Publicado en inglés por Legacy Lit en los Estados Unidos de América en 2023

PRIMERA EDICIÓN EN ESPAÑOL

Traducción: Cecilia Molinari

Este libro ha sido debidamente catalogado en la Biblioteca del Congreso de los Estados Unidos.

ISBN 978-0-06-324502-0

24 25 26 27 28 LBC 5 4 3 2 1

A Elizabeth Ruiz, Benicio Ayala, Emillia Lemus, Jordan Lemus, Alexa Ramírez y Eliana Ayala

La clave de la riqueza... es para los niños y los mayores.

Una guerrera de la riqueza es una chingona que conquista batallas emocionales y financieras para crear rendimientos que durarán toda la vida.

Una guerrera de la riqueza sabe que el dinero es una semilla que debe plantarse para cosechar riqueza generacional y comunitaria.

Una guerrera de la riqueza encarna la comprensión de que este es un trabajo sagrado.

Somos guerreras de la riqueza.

CONTENIDO

PRÓLOGO A LA EDICIÓN EN ESPAÑOL

Cuando comencé el camino para educar a mi comunidad sobre el mercado de valores, mi objetivo y finalidad siempre fueron los niños: las generaciones futuras que se beneficiarían de nuestro desarrollo de riqueza generacional. Tenía la esperanza de que por fin pudiéramos desprendernos del sentimiento innato de que era nuestra responsabilidad cuidar las finanzas de nuestros padres para que las generaciones futuras ya no tuvieran que soportar esa misma carga. Sin embargo, al fijar mis ojos en el futuro, no me di cuenta de que estaba pasando por alto una parte vital de nuestras comunidades: nuestros mayores.

La primera vez que vi a las madres, los padres, las abuelas y los abuelos de los miembros de nuestra comunidad In Luz We Trust mostrar interés y saltar a preguntar cómo podían aplicar estos pasos en sus propias vidas, sentí como si de repente me quitaran las anteojeras que representaban mi propia experiencia personal y mis limitaciones. Estaba observando a las personas menos esperadas —las que yo creía que ya no podían cambiar— expresar, de pronto, una apertura para aprender y evolucionar que me estremeció hasta lo más profundo. No solo mostraron interés por invertir, sino que me demostraron que estaban dispuestos a cambiar su mentalidad monetaria. Aquel día, un chingo de emociones conmovieron mi alma.

Aparte de querer aprender más sobre el mercado de valores,

la pregunta que surgía una y otra vez en estas conversaciones era si mis recursos y mi libro estaban disponibles en español. A medida que pasaba el tiempo, no solo los mayores me demostraron sus ganas de tener acceso a esta información en su lengua materna, sino también algunos de mis primos de México. Fue entonces cuando supe que *La clave de la riqueza eres tú* sería bien recibido por nuestras comunidades hispanohablantes.

Al reflexionar sobre mis años en el campo de la inversión y sobre el honor que supondría tener mi libro como un recurso que podría ofrecerles a mis lectores de habla hispana, empecé a investigar qué otro material existía sobre el mercado de valores en el idioma de mis antepasados, y me enteré de que el primer libro que hablaba del mercado de valores se publicó en 1688 ¡y estaba escrito nada menos que en español! ¿A poco?, ¿cómo es posible? El mercado de valores se creó en Ámsterdam en 1611. Pero ¿por qué no estaba este libro en holandés o incluso en inglés? En aquella época, no había ninguna obra publicada que intentara explicarle al pueblo este proceso y sus diferentes niveles. Los que conocían el mercado de valores aprendían al participar. En mi opinión, esta es una de las formas más poderosas de aprender a invertir, pero sin la disposición adecuada de los sistemas, la terminología y las definiciones claras, aprender solo del mercado puede dejar lugar a demasiados errores y arrojar a la mayoría de la gente a un mundo de especulación donde en lugar de tomar decisiones informadas, invertir casi empieza a parecer un juego de azar.

Según mi investigación sobre este libro sin precedentes —apropiadamente titulado *Confusión de confusiones*— el autor, Josef de la Vega, parecía sentir lo mismo que yo. Se propuso publicar una obra que ayudaría a desmitificar este sistema para su pueblo, la comunidad sefardí (judíos de habla hispana) que vivía en Ámsterdam. En la introducción de la edición de 1967, el historiador alemán Hermann Kellenbenz dijo: «El autor subrayó en el prólogo de su libro que tenía tres motivos para escribir los diálogos: en primer lugar, su propio placer; además, para los que no estaban activos en el oficio, deseaba describir un negocio que era en conjunto el más honesto y el más útil de todos los que existían en aquella época: y, por último, deseaba describir con precisión y de forma completa los trucos que los canallas sabían emplear en ese negocio. En relación con esto último, su propósito era en parte advertirle a la gente para que no entrara en la especulación, dándole a conocer las medidas engañosas, pero sobre todo desenmascarar a los malhechores». Los objetivos de Josef de la Vega eran dignos, pero a lo largo del camino, solo un pequeño porcentaje de la población logró acceder a esta información.

Mi intención con este libro es ayudarte a abrir los ojos a todo lo que Estados Unidos puede ofrecer en el aspecto financiero, brindándote un pantallazo esencial sobre el capitalismo, la acumulación de riqueza y el laberinto de la economía. Ha llegado el momento de hacer que el mercado de valores sea accesible a todos, de perder los miedos que nos han inculcado y de realizar los cambios necesarios en nuestra mentalidad para que podamos desarrollar una riqueza generacional. La clave de la riqueza eres tú.

INTRODUCCIÓN

La conversación en torno al dinero es el lado más oscuro de Estados Unidos y del sistema que dirige al país. A lo largo de los años, las inversiones que generan riqueza han sido diseñadas para que las comunidades de color no puedan acceder a ellas. Ansiamos romper la barrera del dinero para llegar al lado de la riqueza, pero no tenemos ni idea de por dónde empezar porque nadie que conozcamos ha puesto nunca el ejemplo de cómo podría ser eso para nosotros. A medida que nos hacemos mayores, no podemos evitar pensar: «¿Acaso es eso posible para alguien como yo?». Nuestras familias lo han sacrificado todo para darnos la oportunidad de una vida mejor. Sin embargo, esas interminables horas de trabajo por cada centavo que llegaba a sus bolsillos los ha empujado a meternos el temor de Dios cuando se trata de proteger el dinero que nuestra familia ha ganado a duras penas. Así que aprendemos a escatimar, ahorrar y utilizar el dinero para cubrir nuestras necesidades básicas, siempre agradecidos de poder hacerlo. El objetivo no es crear riqueza, sino sobrevivir. Vamos por la vida necesitando dinero, deseándolo, odiándolo, temiéndole, desarrollando una relación malsana con lo que debería ser una herramienta de nuestro arsenal y no nuestro comandante en jefe. Y así, en lugar de crear riqueza, empezamos a crear miedo, que a su vez nos impide pagarnos a nosotros mismos primero, invertir nuestro dinero y permitir que crezca.

Cuando me embarqué en mi propio viaje personal para hacer crecer mi dinero, no tenía ni idea de que el dinero podía trabajar para mí. Me enfoqué en conseguir trabajos bien remunerados para emular lo que yo creía que me llevaría a la estabilidad económica, pero en cuanto los billetes llegaban a mi bolsillo, los gastaba en ropa, zapatos y experiencias, aunque eso significara vivir al día y luchar por pagar el alquiler y sobrevivir. Tardé años en por fin detenerme, mirarme largo y tendido, y darme cuenta de que este comportamiento estaba siendo impulsado por algo que vivía en las profundidades de mi ser.

Indagué en las trincheras de mis emociones y empecé a comprender que, cuando se trataba de dinero, yo actuaba como víctima. Estaba a merced de lo que el dinero necesitara de mí. Me dominaba y yo me sometía a él. Eso me sacudió. He sobrevivido a una larga lista de dificultades a lo largo de los años, pero siempre me he negado a que me llamen víctima o superviviente. Me gusta considerarme una guerrera, pero estaba claro que aún no había encarnado plenamente mi condición de guerrera cuando se trataba de mi riqueza. Mis creencias limitantes sobre el dinero hacían que me resultara doloroso aceptar que deseaba acumular riqueza, aunque algo en mí anhelaba más.

Mientras hacía el recuento con vehemencia de los sentimientos relacionados con mis finanzas para empezar a curar mis arraigadas heridas monetarias, me obsesioné con averiguar cómo generar más dinero. Busqué contenidos en Internet y devoré libros financieros. Aunque solo entendía una fracción de las complejas teorías de aquellas páginas, ansiaba aprender más. Me negué a pasar el resto de mi vida trabajando para hacer rico a otro, así que seguí adelante hasta descubrir el mercado de valores, una de las herramientas más poderosas que tenemos a nuestra disposición para liberarnos de nuestra mentalidad de escasez y generar verdadera riqueza a largo plazo.

El mercado de valores no te discriminará por tu apellido ni el color de tu piel ni tu religión ni tu identidad. No necesitas un alto puntaje crediticio ni mucho dinero para empezar. Este es un trabajo sagrado que va más allá de las simples cifras. Así que, en lugar de salir pitando ante la mención del mercado de valores, quiero que te plantes con firmeza con actitud de guerrera y te prepares para romper barreras. El sistema, las falsas creencias limitantes, nuestras heridas monetarias y nuestras emociones titubeantes nos están invadiendo, asfixiando, intentan impedir que hagamos las operaciones monetarias que generarán la riqueza que merecemos. Pero somos guerreras chingonas que debemos mantenernos firmes y empezar a contraatacar. Bienvenida a tu campo de entrenamiento básico para generar dinero.

La clave de la riqueza eres tú te brindará los fundamentos prácticos, simples y llanos, del mercado de valores a fin de que comiences tu propio camino para generar dinero. Está repleto de explicaciones esenciales que exploran términos básicos y operaciones financieras clave como abrir una cuenta de corretaje, comprender y elegir las acciones adecuadas para ti y crear un plan de inversión a largo plazo, todo mientras revelas y curas tus heridas monetarias intergeneracionales. El objetivo de esta guía lógica y emocional es que te familiarices con los elementos fundacionales que componen el mercado de valores para que puedas entrar a este espacio con confianza y facilidad, y aproveches por fin la enorme oportunidad que tienes a tu alcance.

Como alguien que emprendió su propio camino para generar dinero hace diez años y tuvo que arrastrarse por el fango de sus heridas monetarias y quitar las capas de este nuevo mundo por sí misma, ahora estoy dispuesta a compartir los éxitos, fracasos y lecciones que me han cambiado la vida para que tu camino hacia el dinero sea al menos un tantito menos accidentado que el mío. Mi intención es servirte de recurso, de mejor amiga, de tía, de aliada, para que tú también aprendas a tomar decisiones basadas en la investigación, en lugar de dejar que tus emociones lleven el timón. Yo seré tu guía, pero el mercado de valores será tu maestro definitivo, tu espejo. Reflejará con claridad los pensamientos, miedos y dudas que te impiden generar más riqueza. Puede que a veces te sientas abrumada, asustada, frustrada, ansiosa, llorona... otras veces quizá te invada una oleada de júbilo y emoción sin igual. Aprender a navegar por tus emociones será una parte esencial para convertirte en una inversora astuta.

Tómatelo con calma. Sé compasiva contigo misma. No tengas miedo de volver atrás para releer los diferentes pasos o buscar conceptos en el glosario hasta que empieces a comprender y sentirte más cómoda con este nuevo idioma.

El hecho de incorporar estos nuevos términos, ideas y mentalidades a tu vocabulario cotidiano y perseguir la comprensión de cómo funciona el dinero acabará por reconfigurar tu cerebro y cambiar la forma en que lo percibes. Empezarás a ver el dinero desde una nueva perspectiva que probablemente te inspirará a dar el salto a inversiones generadoras de riqueza que en el pasado jamás pensaste que estuvieran a tu alcance. Lo que te ayudará a atravesar estos campos de batalla son la claridad, el poder y la confianza que obtendrás al saber cómo dejar de ser tu propio escollo y no dejar que el miedo, los pensamientos negativos o las creencias de otras personas te impidan adueñarte de tu camino para generar dinero. A medida que avances y captes la energía y el idioma del dinero, se desplegará ante ti una vida de abundancia.

Hoy en día, cuando alguien me pregunta: «¿Por qué quieres tener tanto?», en lugar de permitir que esa pregunta me haga vacilar y dudar de mis decisiones, respondo con determinación: «Porque puedo contratar a mujeres latinas y de color, y ayudar a remediar la brecha salarial, puedo hacer donaciones a las fundaciones y organizaciones benéficas en las que creo, y puedo redistribuir mi dinero como crea conveniente y poner el ejemplo de lo que significa traer mucha lana a mi casa, a mi gente». Y eso es lo que quiero para todos nosotros. Estoy harta de estar sola en el mercado de valores. El dinero tiene que estar en manos de gente como nosotros. Esa es la misión.

Acompáñame y demostremos con valentía lo que es posible y está a nuestro alcance cuando reajustamos nuestra percepción del dinero, aprendemos este nuevo idioma financiero y empezamos a hacer operaciones agudas en el mercado de valores. Quiero que nos comuniquemos, conectemos, formemos alianzas y tracemos estrategias para poder enfrentarnos juntos a estas batallas simultáneas, atravesar las barreras de la mentalidad de escasez y salir triunfantes del otro lado. Quiero verte ganar, quiero que dejes de estresarte por el dinero y quiero que logres proporcionarles mucho más que lo esencial a tus hijos y a tu familia. No estoy aquí para hacerte rica; estoy aquí para ayudarte a generar dinero a largo plazo. La cantidad que acumules dependerá exclusivamente de ti y de tus circunstancias. Mi intención es ayudarte a crear los cimientos necesarios para iniciar tu propia construcción y, con el tiempo, convertirla en un edificio de tres plantas o en un rascacielos. ¡La riqueza generacional empieza contigo! ¿Vamos pa'lante?

volantes y mangas abullonadas —la quintaesencia de los años ochenta— que me había comprado hacía poco. Pero todo lo que obtuve fue una mirada severa y un «no» rotundo. Fin de la discusión. Todavía habla de cuánto tiempo tuvo que ahorrar para ese costoso vestido de fiesta, demasiado tiempo como para que yo lo ensuciara en el patio de la escuela, eso seguro. A menudo percibo que siente una culpa profunda por haber comprado un vestido tan caro para una ocasión excepcional, pero nunca hemos hablado de eso con demasiada profundidad. Lo que inevitablemente creí a partir de ese momento fue que las cosas bonitas estaban destinadas a ser solo para ocasiones especiales, y que yo no era digna de lo bonito de cada día.

Abatida, la niña súper femenina que yo llevaba dentro se tragó su orgullo e hizo caso a lo que le decían. Con el paso de las semanas, aprendí a soportar los dedos acusadores de los otros niños que se burlaban de mí por tener solo dos atuendos. Me dediqué a hacer amigos y a jugar al Duck Duck Goose (parecido al juego de niños «la traes» en México) hasta el día en que uno de mis mejores amigos me soltó una verdad en el patio: «Eres pobre. Por eso no tienes más ropa».

No tenía ni idea de que era pobre. Sabía que los otros niños tenían más ropa que yo, pero pensaba que la mamá de todos daba vuelta a sus calzones para que pudieran ponerse el mismo dos días seguidos. No sabía que nuestro departamento, con su piso de linóleo en la cocina y la alfombra afelpada marrón, estaba bajo el paraguas de las viviendas para personas con bajos recursos de California. Mi familia comía tacos de papa con regularidad, pero no sabía que mi mamá solo disponía de siete dólares al mes para cubrir nuestras necesidades básicas, incluida la comida. Hasta los frijoles estaban fuera de nuestro alcance porque la cantidad de frijoles que se necesitaría para alimentarnos durante un mes costaba más que un saco de papas, pero yo ni cuenta me daba. Una vez más, solo comíamos comida diferente en ocasiones especiales, como cuando mi tío y mis tías venían con comida china para llevar, y yo devoraba con ganas hasta el último bocado. Aparte de pedir llevar puesto ese vestido a la escuela, nunca volví a quejarme de lo que no teníamos. Nunca quise hacer sentir mal a mi mamá.

Pero aquel día en la escuela, me sentí como Neo despertando en la Matrix a una cruda realidad alternativa que ignoraba por completo. El mero hecho de evocar este recuerdo me oprime el corazón y me inunda los ojos de lágrimas. De repente comprendí que yo era diferente de los niños que me rodeaban. Sin embargo, también sentí más pena por mis papás que por mí misma. Eran ellos los que luchaban por alimentarnos, y enseguida percibí que estaba en mí crear más problemas o aliviar sus cargas. Elegí lo segundo. Decidí guardar silencio y pasar desapercibida lo más posible. Aprendí a agradecer las pequeñas cosas, como las visitas familiares. Mis tías y mi tío siempre me traían juguetes. Y mi tío solía meterme un billete de diez dólares en el bolsillo, que siempre le entregaba después a mi mamá. Todavía se emociona al recordarlo, porque para ella aquel dinero era «una bendición de Dios». Lo utilizaba para comprarme más leche, que luego diluía con agua para que rindiera, y yo de todos modos la engullía como una ternerita sedienta.

Ahora, de adulta, por fin lo entiendo: la raíz de mis heridas monetarias —la escasez, la ansiedad provocada por vivir en constante modo de supervivencia, la vergüenza de que me llamaran pobre y se rieran de mí por no tener suficiente— empezó allí mismo, en casa. Y era solo la punta del iceberg.

Las heridas monetarias son barreras mentales y emocionales que limitan nuestro derecho a sentirnos merecedores de estabilidad y riqueza. Provocan emociones como el miedo, la ansiedad, la vergüenza y la culpa en torno a la falta o la abundancia de dinero. A diferencia de las heridas físicas, nuestras heridas monetarias individuales y la forma en que dictan nuestras decisiones cada día son difíciles de identificar. Muchos ni siquiera sabemos que funcionamos con ellas.

Cuando pensamos en ganar dinero, la mayoría de nosotros no podemos evitar relacionarlo con el sacrificio. Empezamos un negocio paralelo, dejamos de comer fuera, trabajamos horas extras. Estamos acostumbrados a prescindir de toda diversión para escatimar y ahorrar, pero hacerlo sólo nos hunde más en nuestras heridas monetarias y aleja la riqueza generacional de nuestro alcance. Sin embargo, lo que muchos de nosotros no sabemos es que el dinero existe en abundancia y que la capacidad de generarlo ya vive dentro de nosotros. Sí, está ahí mismito, pero llegar a ese destino en nuestro viaje requerirá de paciencia, disciplina y compasión hacia nosotros mismos, porque afrontar esas heridas es una de las batallas más duras que tendremos que luchar en este camino para generar dinero. Se sentirá pesado, complicado, será difícil de digerir, pero para llegar a la luz, debemos atravesar la oscuridad.

Tardé más de treinta años en enfrentarme a mis heridas monetarias. Tuve que convertirme en una guerrera de mi propia vida, cazar las emociones que corren por las profundidades de mi alma e indagar tan profundamente en mis pensamientos, mi comunidad y mi pasado que a veces sentía que todo aquello me tragaría entera. Era como entrar desarmada en una cueva turbia y cargada de niebla, impulsada solo por el conocimiento de que al otro lado estaban las armas que necesitaba para librar las batallas internas y externas que se avecinaban en mi camino de guerrera de la riqueza.

A medida que descubras tus propias heridas, la niebla empezará a disiparse y obtendrás claridad sobre las emociones que te han estado frenando en el ámbito de tus finanzas. Empezarás a sentirte más segura y capacitada para interrumpir este ciclo amenazador y poner en marcha tu proceso de sanación. En lugar de basar tus decisiones monetarias en emociones febriles, empezarás a basarlas en verdades empíricas. Y al final podrás abandonar el campo de batalla y volver a casa para cuidar tu jardín financiero, plantar semillas de riqueza, controlar la maleza y sustituir las bélicas agitaciones emocionales por la tranquilidad en tu viaje de inversión.

Para llegar al otro lado, a ese lugar donde invertir forma parte de tu rutina semanal en lugar de ser algo que temes, primero debes plantarte con firmeza en el suelo y enfrentarte a dos zonas de combate: los guardianes de tu sistema de creencias y tus falsas creencias predominantes. Ponte la pintura de guerra y prepárate para empezar tu campo de entrenamiento básico para las emociones.

ENFRENTA A LOS GUARDIANES DE TU SISTEMA DE CREENCIAS

¿De dónde vienen nuestras limitaciones personales? Muchas de nuestras heridas comienzan con las falsas creencias que funcionan a favor del sistema económico. Estas narrativas tienen guardianes devotos: los pocos privilegiados de nuestra sociedad que tienen acceso a la educación financiera e incluso nuestras propias comunidades cuando interiorizamos las narrativas utilizadas para mantener reprimidas a las comunidades de color. Los guardianes son conscientes de sí mismos; entienden cómo beneficiarse de las firmes creencias masivas sobre las finanzas que han estado vigentes durante años y años. Mantienen las barreras sistémicas e institucionales a las que nos enfrentamos a diario y que nos alejan, en el aspecto financiero, del entorno controlado que les sirve, bajo el pretexto de mantenernos «a salvo». A su vez, empezamos a temer lo que podemos encontrar al otro lado del fuerte que hemos creado para alejar el peligro. Sin embargo, permanecer en ese fuerte creyendo que nuestros enemigos solo acechan en el perímetro también significa que probablemente seguiremos luchando, temerosos, empobrecidos e incapaces de explorar nada más allá de esos muros. Más allá del fuerte es donde viven las oportunidades de inversión, donde se genera la riqueza, donde prospera la abundancia. Nuestro objetivo es liberarnos del confinamiento del fuerte y sus guardianes, y unirnos a la tierra de la riqueza que nos espera.

Pero nuestra batalla no se detiene ahí. También tenemos que prestar atención a nuestro círculo más íntimo —nuestra comunidad, nuestros profesores, nuestros amigos, nuestra familia, nuestros papás—, los pilares que sostienen este gran sistema de falsas creencias y limitaciones dentro de nuestro propio entorno. Son los guardianes que nos han criado, en quienes más confiamos para que nos mantengan a salvo. Y también son los que transmiten algunas creencias generacionales que pueden hacer más mal que bien en lo que se refiere al dinero: *Tengo que trabajar duro para ganar dinero. No soy buena con el dinero. La gente rica es avariciosa. El dinero es la raíz de todos los males.* A medida que avanzamos por la vida, crecemos necesitando dinero con desesperación, pero temiéndole a todo nivel. Necesitamos desprendernos de estas limitaciones autoimpuestas, pero es súper difícil generar una nueva creencia personal cuando existe un sistema tan fuerte que, sin darnos cuenta, ha ido transmitiendo las heridas monetarias de una generación a otra. Estas limitaciones y heridas se convierten en parte de nuestra propia narrativa a medida que crecemos, y, con el tiempo, seguiremos perpetuándolas si no conseguimos despertarnos de una maldita vez por todas.

Estas creencias son el muro que nos impide salir del fuerte. Son lo que nos impide aprovechar las oportunidades para generar el dinero que nos ayudarán a construir la vida de nuestros sueños. Por eso, esta es la parte más crucial de nuestro camino hacia la riqueza. No podemos llegar al jardín generador de dinero sin atacar el fuerte y desmantelar estos constructos.

REFORMULA TUS FALSAS CREENCIAS

El poder que necesitas para liberarte de tus heridas monetarias en este momento se encuentra desdibujado por tu propio conjunto de falsas creencias. Estas cabroncitas te tienen secuestrada de la riqueza que mereces, y puede que aún ni siquiera seas consciente de ellas. En las siguientes páginas voy a explorar las cuatro falsas creencias más comunes que surgen una y otra vez en nuestra comunidad y con mis clientes y alumnos cuando hablamos de dinero. Pero, al mismo tiempo, también quiero que empieces a escarbar en tu interior para comenzar a identificar tus propias falsas creencias, que pueden coincidir o no con las que se mencionan en estas páginas. Utiliza la siguiente exploración como herramienta para aplicarla a tus propias heridas monetarias, de modo que puedas empezar a dejar atrás tus limitaciones y a reprogramar tu mentalidad. Quiero que alcancemos un espacio en el que dejemos de interiorizar nuestras circunstancias y en su lugar encarnemos nuestro pleno, compasivo y poderoso potencial como guerreras de la riqueza.

Falsa creencia #1: Tengo que trabajar duro para ganar dinero.

Todas las tardes, cuando sonaba el timbre del kínder señalando el final del día, salía y comenzaba sola mi camino de una cuadra a casa, pasando junto a los papás y otros familiares que recogían a mis compañeros de clase. Cuando llegaba a la puerta de nuestro departamento, agarraba con firmeza la llave dorada que colgaba del cordón blanco y sucio alrededor de mi cuello, abría la puerta y la cerraba enseguida tras de mí, con el corazón latiéndome tan fuerte que rompía el inquietante silencio de aquel lugar vacío. Mi mamá me había dado instrucciones estrictas: «No abras la puerta ni dejes entrar a nadie». Reglas típicas para los niños sin supervisión en casa.

Una vez asegurada la puerta, me iba directo a la cocina en busca de un tazón de cereal. Tenía que empujar una silla hasta la barra de la cocina y subirme para alcanzar la caja de cereal de marca desconocida que había en la alacena. Mientras vertía con cuidado la leche aguada en mi tazón, podía oír la voz de mi mamá en mi cabeza: «No hagas un tiradero». Un rato más tarde, mi mamá irrumpía en el departamento, de regreso de su trabajo de limpieza o de niñera, y corría a la cocina para empezar a preparar frenéticamente una gran tanda de tacos de carne. En cuanto terminaba de freírlos, los colocaba en un plato grande. «Ándale, mi'ja», me decía, y nos dirigíamos a la fábrica para vender la comida recién hecha a los trabajadores durante la hora de la cena de su jornada nocturna en la línea de ensamblaje de placas de circuitos que acabarían utilizándose para los sistemas de rociadores. Tan solo oler aquellos tacos crujientes convertía mi estómago en un monstruo rugiente, pero sabía que aquella comida era para que la vendiéramos, no para que yo la consumiera. Yo era muy callada, obediente y empática con mi mamá y nuestras circunstancias, así que le seguía la corriente a todo lo que me pedía en aquel entonces; mi lado más desinhibido florecería unos años más tarde. A veces, cuando mi mamá vendía suficientes tacos como para llegar a fin de mes, relajaba su regla y me entregaba uno, que yo devoraba con enorme placer. Cuando la multitud empezaba a esfumarse, ella recogía el gran plato, conducía de vuelta a casa en un santiamén, me dejaba con mi papá, que para entonces ya había vuelto del trabajo, y se dirigía a su jornada nocturna en esa misma fábrica.

Muchos de nosotros crecimos viendo a nuestros padres, madres, abuelos y abuelas sacrificarse físicamente durante largas jornadas laborales para ganar dinero. También fue mi modelo al crecer: fui ayudante de cocina de mi mamá, encargada de pasar la aspiradora por la casa y niñera cuando mi hermana pequeña nació cuatro años después que yo. Se entendía que se sacrificaba la vida a cambio de dinero. Nos saltábamos las fiestas de fin de año porque contrataban a mi mamá para servir cenas y limpiar durante y después de las reuniones familiares. Era el precio que pagar como familia por vivir en este país. Teníamos que trabajar duro por el dinero; no conocíamos otra forma.

Veintitantos años después, inicié mi carrera en un canal de televisión de Dallas, lo que me obligaba a pasar la mayor parte del tiempo conduciendo bajo el sol abrasador de Texas en un carro que tenía el aire acondicionado estropeado. Era una ejecutiva de cuentas de la cadena televisiva Azteca América: llamaba a empresas en frío para venderles tiempo de emisión y conseguirlas como clientes, y debía conducir por toda la ciudad para reunirme con los ejecutivos con quienes queríamos trabajar para ampliar nuestro alcance. Todos los días, me colocaba toallas de papel bajo las axilas mientras conducía y preparaba mi presentación para evitar que los temidos círculos de sudor mancharan mi blusa antes de la siguiente reunión importante. Este tipo de desgaste físico y de trabajo extenuante y estresante de alguna manera me hacía sentir que estaba haciendo un gran trabajo y logrando muchísimo. Claro que pasaba calor y no podía permitirme arreglar el aire acondicionado, pero solo necesitaba un empleo para llegar a fin de mes, en comparación a los tres o cuatro que tenía mi mamá. Sin embargo, siempre había una vocecita dentro de mí que me decía: «Mereces más».

Esa voz siempre me llenaba de culpa y vergüenza instantáneas. ¿Cómo podía sentirme infeliz o querer algo mejor para mí si ya había llegado mucho más lejos que mis propios padres? No trabajaba en una fábrica, ni vendía tacos ni limpiaba casas. Y si esas emociones no me sacudían enseguida y me atrevía a emitir una queja mínima en voz baja a mi mamá después de un largo y húmedo día de trabajo, el resultado era su clásico discurso: «Crucé la frontera a pie bajo un sol abrasador durante tres días seguidos. ¿Crees que tuve aire acondicionado mientras lo hacía? Al menos tú tienes carro. Cuando yo llegué aquí, me tuve que subir al camión sin saber cómo llegar a donde tenía que ir porque no hablaba inglés. No tienes ni idea lo que es el verdadero sacrificio, mi'ja. En vez de andar quejándote de que no eres feliz o de que tienes demasiado calor, baja la cabeza y trabaja». Y eso es lo que hice, con el aire acondicionado desmadrado y todo.

Sé que me entiendes. Quizá tú también has vivido una escena similar. Las generaciones pasadas de nuestras familias tuvieron que soportar trabajos físicos para llegar a fin de mes, y ahora nosotros nos volcamos en trabajos de oficina para ascender o mantenemos unos cuantos trabajos a la vez para hacer cosas básicas como pagar el alquiler o ahorrar alguito. Gastamos montones de dinero y nos endeudamos hasta la madre con préstamos estudiantiles por una educación con la que muchos de nosotros no estamos alineados, lo que nos lleva a trabajar en un campo que no nos gusta, porque hará que nuestros padres se sientan orgullosos. Renunciamos a nuestra verdadera vocación por el trabajo duro a la antigua porque no vemos caminos para ganar dinero de forma más fácil y eficiente. Pero ¿de veras vale la pena sacrificar nuestro bienestar físico, emocional y espiritual por el dinero?

Verdad guerrera: El dinero trabaja duro para mí.

Cuando te pasas la vida trabajando duro por el dinero, te apegas a él con tus emociones, pero ¿adivina qué? El dinero no es nada sin ti. El dinero no aparece a menos que tú lo hagas aparecer. Es el efecto, y *tú* eres la causa. Tú eres más importante que el dinero. Si quieres crear riqueza de verdad, debes aprender a dejarlo ir y emplearlo en inversiones que produzcan dinero, de modo que tu trabajo no sea lo más importante en tu camino para generarlo. Quizá estés pensando: «Espérate un poquito, ¿eso es siquiera posible?». ¡Claro que sí!

En lugar de algo que contemplar y temer, invertir debería ser una experiencia normalizada. Invertir es solo la acción de poner el dinero a trabajar para ti, en lugar de intercambiar tu tiempo y energía por él. Es multiplicar el dinero que ganas para que puedas tener libertad de elección en el futuro. Invertir no debería requerir valentía, pero la requiere porque, aunque existe un mercado libre, este concepto es ajeno a las personas latinas que han tenido un acceso limitado o nulo a los recursos que nos enseñan cómo funciona el dinero en un frente económico más amplio. Por eso sentimos que invertir está fuera de nuestro alcance. Esto no es del todo culpa nuestra. El mundo en el que vivimos a menudo nos exige que atendamos primero nuestras necesidades inmediatas, lo cual nos mantiene en un ciclo de trabajar y gastar. Además, no educa a los que no somos guardianes del sistema sobre las herramientas financieras que podríamos utilizar para tener éxito, en particular sobre el mercado de valores. Esto hace que debamos luchar no solo por comprender cómo generar riqueza mediante la inversión, sino por romper de una vez por todas con la idea de que tenemos que esforzarnos más por nuestro dinero. Depende de nosotros dar los primeros pasos para convertirnos en guerreras de la riqueza.

Para transformar la creencia de que tienes que trabajar duro para ganar dinero, debes lanzarte a la travesía de la inversión... es la mejor maestra. Cuando tu dinero empiece a crecer por sí solo en el mercado de valores, tu perspectiva al respecto cambiará para siempre, porque por fin te darás cuenta de que el dinero no depende solo de que tú te lo ganes. Depende de que tú lo hagas crecer.

Tenemos que cambiar nuestra actitud hacia la inversión para nosotros, nuestras familias y las generaciones venideras, de modo que podamos empezar a construir la riqueza que merecemos sin tener que poner en peligro nuestro bienestar en el proceso. Este cambio empieza ahora.

Haz sacrificios por tus sueños, no por el dinero. Cada vez que voy en esa dirección, en la que no se me promete nada, siempre aparece el dinero. Aparece. Porque el dinero existe en abundancia. No hay una cantidad fija de dinero a la que puedas acceder. Solo tú tienes el poder de influir en la cantidad de dinero que ganas.

Falsa creencia #2: No soy buena con el dinero.

Durante años tuve la sensación de que en cuanto recibía dinero, desaparecía. No podía acumularlo. Solía decir: «No soy buena con el dinero», y creía con vehemencia que era cierto. Hubo momentos en que los últimos días antes de cobrar mi próximo cheque equivalían a abrir una lata de frijoles para cenar, pero siempre aderezada con un poco de cebolla, cilantro, tomate y serranos frescos. Y entonces, cuando conseguí mi primer trabajo bien pagado en una tienda de muebles donde ganaba sesenta mil dólares al año —lo cual era increíble para mí en aquel entonces a mis veinticuatro años—, utilicé ese dinero para desarrollar mi clóset en lugar de mi cartera de inversiones. Ahora tenía el dinero que tanto ansiaba y necesitaba, pero mis hábitos adquisitivos seguían alimentando mi falsa creencia de que no era buena con el dinero. En retrospectiva, esa creencia era una excusa. Formaba parte de mi mentalidad de víctima: *Estas cosas me pasan porque no soy buena con el dinero.* Esos pensamientos solo servían para justificar mis hábitos alimentados por mi ansiedad y me permitían evitar el tema por completo. Una maldita excusa si las hay. En ese entonces no lo sabía, pero no es que mis hábitos fueran malos, sino que estaban desinformados. A menudo podemos obsesionarnos con no ser buenos en algo sin darnos cuenta de que simplemente no sabemos cómo hacerlo.

La lamparita por fin se me prendió una tarde mientras

veía un capítulo de *Oprah*, que por aquel entonces era como mi terapeuta personal: sus palabras de sabiduría me ayudaron a superar muchos momentos oscuros. Apareció en pantalla y presentó un libro —*El secreto*, de Rhonda Byrne— que me despertó a una nueva realidad en la que nuestros pensamientos son uno con la ley de la atracción. Algo hizo clic. Comprendí en ese mismo instante que un componente emocional y un sistema de creencias me estaban bloqueando el conocimiento y la energía que necesitaba para hacer realidad mis sueños. Cuando acabaron de pasar los créditos, apagué la televisión, miré mi clóset lleno de ropa nueva y comprendí que, aunque había ido a la escuela de negocios, había estado tan ocupada trabajando y sobreviviendo que no había captado los conceptos que necesitaba para lograr el tipo de progreso con el que soñaba, como llegar a ganar seis cifras y comprar una casa. Fue entonces cuando me obsesioné con averiguar cómo generar más dinero.

Había toda una riqueza de conocimientos sobre el dinero que yo ni siquiera conocía, conocimientos que me permitirían manejar mi dinero con poder y nunca más tener que comer una lata de frijoles para la cena. Así fue como emprendí una búsqueda para alinear mis sueños con mis acciones cotidianas. Empecé a devorar todos los grandes libros de educación financiera que estaban a mi alcance. Me obsesioné con los hombres de la vieja escuela de Wall Street que estaban al timón de corporaciones increíblemente exitosas, porque sentí que eran mi única opción para vivir y generar lo que nunca había sido modelado ni accesible para mí. Eran los únicos a los que veía amasar riqueza como nadie. Eran la *crème de la crème* de la alta sociedad: hablaban rápido, vestían trajes impecables, llevaban el cabello bien peinado, tenían mujer, dos hijos y los fideicomisos correspondientes. Además, en la televisión, en las películas y en las noticias siempre se los representaba como personas súper desenvueltas. Se reían con facilidad, sonreían con facilidad y encontraban soluciones fáciles a sus problemas. Yo quería aprender a construir un legado y alcanzar ese mismo nivel de facilidad que parecía fuera de mi alcance a pesar de que estaba ganando más que nunca. Por eso busqué sus conocimientos para cambiar definitivamente la creencia de que no era buena con el dinero.

Verdad guerrera: Soy más que capaz de comprender el dinero.

El mundo de la literatura financiera me parecía una sociedad secreta. Casi que podía imaginarme a todos esos viejos de Wall Street salir del trabajo en el siglo XIX, con sus camisas de cuello alto, sus chalecos y sus trajes oscuros a la medida, y luego reunirse en una sala poco iluminada, vestir capas, sostener velas blancas y susurrarse entre sí antiguas sabidurías financieras. Me devoré sus libros, pero me costó procesar la información. Era como leer algo en código. Todo lo que decían sobre las bolsas, los gráficos de acciones, los márgenes, las correcciones, los mercados alcistas y bajistas, me mareaba. Cada dos por tres tenía que detenerme para buscar en Google el significado de una palabra. No conocía a nadie más con esta información, y ya sentía que llevaba generaciones de retraso.

Así que me esforcé aún más porque sabía que, con el tiempo, mi trabajo implacable me permitiría encontrarle el sentido a esta críptica literatura financiera. Sin embargo, a pesar de haber acumulado un arsenal de conocimientos e información sobre el dinero, seguía pensando que la clave para superar mi creencia de que no era buena con el dinero era trabajar más duro, leer más libros de más gente cuyas experiencias vitales no coincidieran con las mías, porque no encontraba a nadie a quien recurrir. Recuerdo un momento en que eché un vistazo a mi pila de libros y pensé: «Mierda, están todos escritos por hombres blancos». Al fin y al cabo, es su sistema. ¿Cómo podía esperar encontrar un tesoro de libros escritos por personas de color o latinas que hablaran de dinero cuando la educación financiera es inaccesible por naturaleza? En lugar de cursos que incentiven el deseo natural de los niños de alimentar su curiosidad y construir algo, o incluso mejor, un plan de estudios claro de alfabetización financiera, la mayoría de los niños de las escuelas públicas estadounidenses reciben instrucciones, realizan determinadas tareas y son medidos por esas tareas. Esto hace que tengamos grandes empleados, pero en última instancia nos aleja de las mentalidades generadoras de riqueza. Todos conocemos la historia de personas que son trabajadores estelares, pero que se despiertan décadas después enfurecidas y arrepentidas porque fueron formadas para ayudar a otros en sus caminos para generar dinero, en lugar de embarcarse en el suyo propio.

Por suerte, la situación está cambiando y hay muchas formas creativas de ganar dinero. Pero la base de la riqueza es el conocimiento. Una comprensión básica de la economía provoca un cambio en las reglas del juego que tiene el poder de conducirte a un crecimiento descomunal. Una verdadera guerrera de la riqueza lo lleva al siguiente nivel cuando entiende cómo aprovechar nuevas formas de generar riqueza y hacer que esa riqueza trabaje para ella. No esperes convertirte en una experta de la noche a la mañana: es un proceso, pero vale cada minuto del precioso tiempo que le dediques. Debemos luchar con perspicacia contra los guardianes del conocimiento con nuestro propio conocimiento: llegar a dominar este idioma secreto, dominar el sistema y, por fin, aprovechar este movimiento generador de dinero y empezar a reclamarlo como propio.

Falsa creencia #3: La gente rica es avariciosa.

Una de las creencias más comunes que he visto aflorar en nuestras comunidades latinas una y otra vez a lo largo de mi vida es que las personas ricas son avariciosas. A menudo, la palabra *riqueza* evoca imágenes de hombres blancos y sus familias que —a pesar de vivir en enormes mansiones sobre hectáreas de tierra, con copiosas raciones de comida en la mesa y clósets rebosantes de ropa sin usar— quieren más, más, más. Con esta imagen omnipresente, crecimos creyendo que la riqueza es una experiencia que está fuera de nuestro alcance. Es más, la mera idea de esforzarnos por una posición en la vida que suelen ocupar los guardianes del sistema que han perjudicado a nuestras comunidades, aquellos contra los que intentamos luchar, nos parece súper desafiante y contraintuitiva. Respecto al subconsciente, no podemos evitar empezar a pensar que, si nos atrevemos a amasar cualquier cantidad de riqueza, eso nos convertirá de inmediato en personas tan avariciosas como las que nos han oprimido. Es como si la riqueza tuviera tal poder sobre nosotros que tenerla nos convertiría automáticamente en malas personas con malos motivos que obtienen riqueza mediante malas prácticas. Por eso, cuando ganamos un dinero extra que nos permite mejorar nuestra vida de alguna manera —como comprar un carro nuevo con aire acondicionado—, nos esforzamos por restarle importancia.

En los años ochenta, tras unos cuantos años de trabajar en varios empleos día y noche y de llevar una vida sacrificada en casa sirviendo tacos de papa para cenar, mi mamá consiguió ahorrar lo suficiente para el pago inicial de una modesta casa-condominio en San Juan Capistrano, California. Aunque mis papás, mi hermana pequeña y yo vivíamos en la escasez, mi mamá me enseñó activamente a crear riqueza generacional. Tuvo la audacia de romper con lo que se esperaba de alguien que limpia casas, trabaja en una fábrica y habla un inglés chapurreado. Aspiraba a algo fuera de sus circunstancias actuales, lo que le permitió comprar un hogar que aún hoy pertenece a nuestra familia y que vale diez veces más de lo que ella pagó por aquel entonces.

Cuando nos mudamos a la casa de dos habitaciones, sentí un claro cambio en nuestro estilo de vida. Atrás quedaron los días en que mi clóset tenía solo dos atuendos usados. Ahora podíamos permitirnos ir a la pulga, que es como un tianguis, a comprar ropa nueva. En vez de jugar debajo de una escalera, pasaba el rato en los establos públicos de caballos que había al otro lado de la calle. Aquel lugar se convirtió en mi patio trasero. Llegaba a casa de la escuela, dejaba la mochila y me dirigía a los establos para ver los caballos y a la gente montar. Más allá de los establos había una red de arroyos enmarcados por verdes colinas que mis ojos de seis años interpretaban como majestuosas montañas. Me perdía contemplando aquellos paisajes y soñaba despierta con lo que encontraría si alguna vez llegaba al otro lado de esas colinas.

Pero cuando volvía a casa, si mencionaba los establos demasiadas veces o hablaba con efusividad de mi ropa nueva, mi mamá de inmediato se ponía en modo regañona y empezaba a sermonearme sobre actuar como si estuviéramos mejor que los demás. Me instaba a no alardear de ello tan abiertamente para que no nos consideraran groseros e insensibles. Al contrario, insistía en que me comportara como si fuéramos más pobres de lo que éramos. Mi mamá me dijo de manera explícita que nunca dijera que éramos dueños de la casa. Era mejor dejar que la gente supusiera que la alquilábamos. Nunca debía decir que mi mamá estaba prosperando con su negocio de limpieza y que ahora ganaba más dinero. Cuando mi papá se compró un carro nuevo, ella reaccionó como si fuera lo peor que podía haberle hecho. Lo extraño fue que empezó a comprar muebles bonitos y adquirió un gran sentido del estilo de todas las casas que limpiaba. Así que podíamos disfrutar de algunos lujos a puerta cerrada, pero en público teníamos que actuar como si no tuviéramos mucho a nuestro nombre. De repente, adquirir cualquier tipo de riqueza, aunque fuera en pequeñas cantidades, empezó a parecerme vergonzoso. Pasé de saborear y celebrar nuestro nuevo estilo de vida a creer que tener dinero me hacía mala y antipática. Lo último que yo quería era que la gente pensara que éramos avariciosos. El conflicto interno me dejó aturdida. Años más tarde, cuando conducía mi primer carro decente por mi barrio y vi al paletero de la esquina, me sentí avergonzada por tener un buen carro. Dios me libre de meter a mi familia en esa categoría de ricos codiciosos.

Al aceptar la creencia subconsciente de que tener dinero nos hace avariciosos, nos impedimos crecer y amasar dinero, y nos cerramos a la experiencia misma de la riqueza. Aceptamos salarios más bajos, decimos no a las buenas oportunidades, perdemos la fe en nuestros sueños, relegamos la inversión a un segundo plano y descuidamos las herramientas para ganar dinero que asegurarán nuestro futuro. Hasta hace unos años, me centraba en ganar solo lo suficiente para sobrevivir. No necesitaba más, porque necesitar o querer más era avaricioso; querer más les quitaba a los demás y llevaba a tomar el camino fácil de la vida, disminuyendo todo el trabajo duro y el sacrificio, y yo era mejor que eso —seguro que mi mamá está asintiendo enfáticamente después de leer esta última frase.

Mi creencia era tan firme que mientras estaba en Azteca América, cuando Liberman Broadcasting se me acercó con una oferta de trabajo que pagaba ochenta mil dólares al año, el doble de lo que ganaba entonces, la rechacé sin pensarlo dos veces. Sabía algo de la emisora, sobre todo que algunos de sus contenidos propagaban el estereotipo de las latinas hipersexuales haciéndonos parecer sexis y despistadas al aire. No es que estuviera en contra de ser sexi. Después de que se burlaran de mí por tener solo dos atuendos de ropa en el kínder, desarrollé un profundo deseo de expresarme a través de la ropa y los accesorios divertidos. Solo que me veía reflejada en personajes más dinámicos, que eran tan sexis como inteligentes, como en mis proyectos en Azteca América. Así que no acepté la reunión. No hice más preguntas. No consideré cómo ese aumento de sueldo me permitiría arreglar la unidad de aire acondicionado estropeada de mi carro para no tener que seguir conduciendo bajo el calor de Texas con las cuatro ventanillas bajas en un tornado de tierra, pelos y ruido de la autopista. Dije que no. La sola tentación de considerar ese dinero me hizo sentir que podía sucumbir enseguida a la avaricia que había evitado durante años al tomar decisiones profesionales seguras y tácticas. Sin embargo, al permitir que interviniera esta creencia, mi virtud bloqueó una oportunidad que podría haber mejorado mi calidad de vida: resulta que Liberman tenía múltiples estaciones, y no todas presentaban este contenido reductor que tanto me preocupaba.

Verdad guerrera: La riqueza me da opciones.

Los guardianes de nuestro sistema de creencias dentro de nuestro círculo íntimo —es decir, nuestros amigos íntimos y familiares, aquellos con los que interactuamos a diario— tienen un control tan fuerte sobre nosotros que pueden influir fácilmente en nuestras acciones cotidianas y determinar el rumbo de nuestras vidas. Del mismo modo, nosotros también podemos influir en sus acciones; no nos engañemos, también participamos en este sistema, aunque sea en menor medida. Cuestionar este sistema de creencias a menudo es castigador en el momento, porque corres el riesgo de sufrir ataques personales y de romper relaciones estrechas. *¿Quién se cree? Se cree mucho. Ah, así que te crees todo eso y más ahora que has dejado el barrio. ¿Te crees mejor que nosotros porque tienes más dinero?* ¿Cuántas veces hemos recibido o dado este tipo de juicios hirientes?

En cuanto empezamos a enseñar a nuestra propia descendencia este sistema de falsas creencias, estamos transfiriendo nuestras heridas monetarias heredadas a la siguiente generación. Y al hacerlo, seguimos adhiriéndonos al y defendiendo el sistema que nos mantiene reprimidos. Empezamos a juzgar a los demás —en persona, por Internet o incluso en silencio en nuestra mente— por tener dinero, por ganar más, por acumularlo y, sobre todo, por gastarlo. *¿Cómo pueden permitirse ese lujoso carro? ¡Qué fanfarrón! No puedo creer que se hayan comprado ese bolso de marca en vez de ahorrar dinero para una* *emergencia: ¡qué despilfarro!* Estos son los pensamientos que enmascaran el hecho de que rechazamos la idea del lujo porque sentimos vergüenza de que esté fuera de nuestro alcance. Tal vez aún te falta ahorrar un poco más para las vacaciones, o quizá tus ingresos no te permiten comprar la última moda en cuidado personal. ¡Otra vez aparece esa mentalidad de escasez! Es importante detenerse un momento y preguntarse: *¿Qué herida está ocultando mi juicio? ¿Quién es el guardián de esta creencia que asocia la avaricia con la riqueza? ¿Por qué la mantengo? ¿Cómo afecta esta creencia mis decisiones sobre el dinero? ¿Cómo me impide pensar en grande? Y más importante aún, ¿de qué formas ya soy rica?*

Para que quede claro, no te estoy pidiendo que abandones tu comunidad. Quiero que te liberes de esta creencia concreta que asocia el dinero con la avaricia, a fin de que puedas tener la libertad de crear y elegir tus propias opciones para generar riqueza (llegaremos a ellas en el próximo capítulo). Una vez que adquieras los conocimientos y las herramientas, podrás compartirlos y difundirlos entre tu familia y tu comunidad, y seguir rompiendo este ciclo que nos ha mantenido a todos alejados de la verdadera seguridad financiera durante tanto tiempo.

Irónicamente, muchos de nuestros guardianes, como nuestros papás y abuelos, rompieron ellos mismos algunos de estos ciclos. Cuando decidieron emigrar a este país, ya fuera por elección o por necesidad, se liberaron de sus propios sistemas en busca de un jardín más abundante. Nuestros antepasados son los verdaderos pioneros de nuestra descendencia. Mi mamá y uno de sus hermanos fueron los primeros en salir de México en busca de crecimiento y oportunidades para ayudar a su familia en casa. Cuando empezaron a trabajar en Estados Unidos, cada cheque de su sueldo —después de pagar las facturas y el alquiler de la vivienda que compartían— iba directo a mis abuelos. Con ese dinero, mis abuelos pudieron pasar de apenas llegar a fin de mes a comprar tierras, ganado, cerdos y gallinas, e incluso construir una casa más bonita. Mi mamá y mi tío fueron cruciales para crear riqueza generacional en nuestra familia. La mayoría de sus doce hermanos siguieron su ejemplo. Los que se quedaron en su comunidad los juzgaron, y quizá también hubo algo de envidia y tristeza, pero el fruto de su trabajo se sigue consumiendo hoy en día. Su búsqueda de una vida «mejor» no les garantizó de ningún modo una vida fácil: sufrieron un terrible desarraigo sin nada ante ellos excepto la pura fe. Y sí, parte de su motivación para hacerlo era, de hecho, la riqueza, si no para ellos mismos, para sus papás e hijos.

Al fin y al cabo, el dinero no nos hace *avariciosos*, sino que nos da *opciones*. Cuando mi mamá pudo ahorrar lo suficiente, eligió comprarse una casita. No habría tenido esa opción si no hubiera amasado la riqueza que tanto le costó ganar. A su vez, ahora en lugar de centrarme en el ciclo que nos mantuvo pobres hasta ese momento, utilizo mis inversiones generadoras de riqueza para mantener a mi familia. Me han dado la libertad de elegir lo que es mejor para mí y para mis seres queridos. Así que hoy en día, cuando mi mamá me llama y me dice: «Ay, mi'ja, ¿por qué estás tan terca con lo de hacerte millonaria? ¿Para qué quieres más?», intentando resucitar la creencia en la avaricia, en lugar de entrar en una espiral de dudas y preguntarme si mi deseo de riqueza me hace, de hecho, avariciosa, ahora puedo reírme y seguir adelante.

Cuando te enfrentes a tus propios miedos y falsas creencias, recuerda esto: la palabra *riqueza* también nos pertenece. Según la *Nueva Enciclopedia Mundial*, la raíz de la palabra *wealth* (que significa *riqueza* en inglés) es *bienestar*. Nuestro bienestar y el de la colectividad no deberían ocupar el mismo espacio que la avaricia en nuestras mentes. Podemos hacer mucho más por nuestra comunidad cuando somos ricos. La riqueza nos da opciones. No sabes lo gratificante que es para mí comprar productos o servicios elaborados por personas que me reflejan y encarnan la cultura estadounidense de primera generación en la que me crie. Esto es algo que puedo hacer con mi dinero; es una de mis opciones, y elijo apoyarnos. Somos ilimitados y dignos de todo aquello por lo que nos esmeramos.

Falsa creencia #4: El dinero es la raíz de todos los males.

«Porque la raíz de todos los males es el amor al dinero». Cada vez que oigo este famoso versículo bíblico, me retrotraigo a mi yo más joven que se golpeaba el corazón con el puño junto al resto de la congregación mientras decía: «Por mi culpa, por mi gran culpa». Con ese gesto, aprendí a castigar mi verdad, a castigar mi potencial, a castigar mi esencia. Sin embargo, al final del sermón, nunca faltaba la «invitación» a echar nuestros dólares malvados en la pequeña cesta que se pasaba en la casa de Dios.

La falsa creencia de que el dinero es la raíz de todos los males se ha mantenido durante tanto tiempo que ha trascendido a la Iglesia y ha infectado a las masas de generación en generación. Esta es una de las falsas creencias más peligrosas que llevamos con nosotros y otra difícil de desmentir porque puede parecer muy contradictoria. Muchos de nosotros crecemos odiando el dinero porque creemos que es el mal que nos frena, o es el mal que causó una ruptura en nuestra familia, o es el mal que nos empujó al abismo de la pobreza. Sin embargo, el dinero es fundamental para nuestra supervivencia, para pagar nuestras deudas y cuotas, para conseguir una vivienda, para poder comer.

Si el dinero es la raíz de todos los males, entonces ¿qué demonios hacemos trabajando más de cuarenta horas a la semana durante la mayor parte de nuestras vidas para obtener este mal? ¿Necesitamos el mal para sobrevivir? Tómate un momento para procesarlo. Ahora visualiza la batalla que se libra entre tu consciente y tu subconsciente. Si tu subconsciente cree que estás generando abundancia de la maldad sólo por ganar dinero, puedes imaginar el enorme desafío al que te enfrentarás cuando intentes generar con consciencia una riqueza abundante. Nos hemos pasado todo este tiempo odiando la mismísima herramienta que necesitamos no solo para sobrevivir sino para prosperar.

Verdad guerrera: El dinero es una herramienta. No forma parte de mi alma ni de mi carácter.

El dinero no es un monstruo maligno; no es una emoción; no es nuestro gobernante. El dinero es moneda, una herramienta que utilizamos a cambio de bienes y servicios. Una herramienta que necesitamos para pagar el alquiler, los gastos, la comida y la ropa. Saca un billete de un dólar de tu billetera. Tócalo, míralo, dale vuelta. En esencia, tienes en la mano un trozo de papel que ya ni siquiera está respaldado por el patrón oro, un sistema monetario en el que el valor de la moneda de un país está directamente vinculado al valor del oro. Ahora, en Estados Unidos, lo imprime la Reserva Federal según sus necesidades. Así que, en cierto sentido, no tiene valor real: no vale nada. Sé que esto puede sonar insensible porque estamos acostumbrados a depositar tanto poder en el dinero y nos hemos vuelto muy dependientes de dónde procede, pero al hacerlo estamos minimizando nuestro propio poder personal. Es probable que tus circunstancias hayan creado barreras en tu vida, pero nadie puede quitarte tu poder, porque nada es más valioso que tú. El dinero es solo una herramienta que necesitamos para sobrevivir en este mundo. Eso es todo. Y no hay nada malo en querer obtener una tonelada de dinero para distribuirlo de la forma que NOSOTROS consideremos oportuna.

Durante un viaje a California, recibí una llamada telefónica. Era Liberman Broadcasting, la empresa de medios de comunicación que un año antes había querido tentarme con un salario de ochenta mil dólares, que yo había rechazado con vehemencia. Pero desde aquella oferta inicial, había emprendido el camino para descubrir qué se sentía estar respaldada por mi poder. No perseguía el dinero; estaba centrada en mí, en mi sanación, en construir mi propia fuerza interior, e intuitivamente sabía que haciéndolo así, el dinero no tardaría en llegar. Y empecé a confiar en mí misma cuando llegó. Ese fue el comienzo de un gran cambio de mentalidad en mi vida. Así que esta vez, tomé la llamada. «Hola, nos hemos enterado de que estás en Los Ángeles. Nos gustaría hablar contigo mientras estés en la ciudad». Dije que sí a la entrevista y me ofrecieron un puesto en el acto en una emisora de radio de Orange County que transmitía viejos éxitos en español, sin representaciones degradantes visibles de las latinas. Y en aquella ocasión logré dejar mis falsas creencias en la puerta. No podía dejar que las heridas del dinero me impidieran tomar una de las mejores decisiones de mi vida, así que acepté el trabajo. En retrospectiva, ese aumento de sueldo fue un escalón del tamaño de una piedrita hacia el estilo de vida que aspiraba a tener algún día. Lo primero que hice fue dirigirme a las grandes tiendas más cercanas para comprar un montón de ropa interior nueva, una tradición que empecé en cuanto comencé a ganar dinero como adulta. Siempre tengo algún par nuevo listo para usar. Pero lo que este trabajo de veras logró fue animarme a asumir mayores riesgos para alcanzar mis objetivos.

La verdad es que aún no veía el dinero como una herramienta, pero por fin pude abandonar la idea de que tenía que hacer algo que odiaba para ganarlo. Era la primera vez que el dinero no ejercía un poder tan inmenso sobre mí, y me gustó. Menos de un año después, decidí dejar atrás aquel gran sueldo para dar el siguiente paso hacia mi sueño: trabajar en Hollywood.

La única forma de poner un pie en un estudio cinematográfico fue a través de unas pasantías no remuneradas. Así que envié currículos y recibí una llamada de After Dark Films, una empresa que producía películas de terror. El puesto de pasante de verano era mío, y di el mayor salto de fe de mi vida al decir que sí. En un abrir y cerrar de ojos, había pasado de ser una ejecutiva de cuentas que ganaba ochenta mil al año a una pasante de treinta años sin sueldo, que recibía notificaciones de desalojo porque ya no tenía dinero para pagar el alquiler. Pero me agarré con fuerza al manillar durante este periodo de montaña rusa de mi vida, porque mi instinto me decía que esta experiencia acabaría valiendo la pena.

Imagina que todos descubriéramos ahora mismo lo poderosos que somos realmente y que no tenemos que trabajar por nuestro dinero o por los objetivos de otra persona. Imagina que pudiéramos aprovechar nuestro poder personal en lugar de dárselo todo al dinero que no tenemos: sería un cambio total de las reglas del juego. Al darle menos poder al dinero, pude liberarme de su dominio, aprovechar mi poder personal, dejar el trabajo que ya no me hacía feliz y atreverme a ir por lo que sí me hacía feliz. Y al reformular nuestras falsas creencias, tenemos el potencial de vencer el miedo a crear riqueza y a invertir, y la posibilidad de por fin entrar en el campo de batalla con las armas necesarias para ganar esta lucha.

QUE COMIENCE LA SANACIÓN

Ahora que estás empezando a identificar tus propias heridas monetarias y estás tomando conciencia de las falsas creencias que informan tu vida, tus decisiones y tu forma de pensar; ahora que has identificado a los guardianes de este sistema, quiero compartir contigo tres misiones que tienes como guerrera de la riqueza que te ayudarán a emprender tu camino para generar dinero. Comprométete con al menos una de ellas. Si ves que se activan tus heridas monetarias y tus falsas creencias, mantente firme. Vuelve a nuestras verdades guerreras para enraizarte en la abundancia y recordarle al dinero quién manda. Al fin y al cabo, el dinero asustado no hace dinero.

Encuentra tu círculo de mentalidades financieras

La primera vez que le dije a mi mamá que tenía dinero en el mercado de valores, después de invertir durante tres años, me contestó angustiada: «¡Mi'ja, tienes que sacarlo de ahí ahorita mismo! No puedes dejarlo ahí. ¡Podrías perderlo todo!».

Para ella, el dinero que tanto me había costado ganar salía de mis manos y desaparecía en un espacio nebuloso e inaccesible «ahí dentro». Para entonces, había empezado a hablar abiertamente del dinero con otras personas de mi comunidad que sabían de finanzas, pero cuando mencionaba el mercado de valores me sorprendía recibir la misma respuesta. ¿El mensaje? *Trabaja con el dinero que tienes porque el mercado de valores no está hecho para trabajar por ti.* Mi bandera de la falsa creencia estaba siendo izada por todo lo alto, así que di un paso atrás, realineé mis pensamientos y decidí que era hora de hacer algo de mantenimiento de la herida monetaria con mi pequeño círculo de mentalidades financieras: Bricia y Patty.

Conocí a Bricia en Los Ángeles, en una entrega de premios de *Latino Leaders*, una revista nacional con sede en Dallas. Por aquel entonces, mi carrera empezaba por fin a tomar forma: había ascendido de pasante no remunerada a coordinadora de marketing en Pantelion Films de Lionsgate, el primer gran estudio cinematográfico latino de Hollywood, en un equipo pionero que estaba abriendo un espacio para los latines en la industria. *Latino Leaders* me había seleccionado para su premio Líderes del Futuro por todo el trabajo que estaba haciendo para concienciar en las redes sociales sobre el contenido latino, respaldado por investigaciones que mostraban por qué teníamos que empezar a observarlo y prestarle atención. Cuando el sudor empapaba mi camisa en el carro sin aire acondicionado, me dije una vez: «Algún día saldré en esta revista», y ese momento había llegado por fin. Emocionada, me arreglé y me dirigí a la ceremonia. Tras acomodarme en la mesa que me habían asignado, entablé enseguida conversación con la mujer que estaba a mi lado, Bricia, restaurantera oaxaqueña estadounidense y copropietaria de uno de los restaurantes oaxaqueños más famosos de Los Ángeles. Es una mujer fuerte con un corazón de oro. Me encantó su actitud sincera, de decir las cosas como son, y su afán de superación sin remordimientos, rasgos que me llegaron al corazón. Al final de la noche habíamos intercambiado nuestros números de teléfono, y a la semana siguiente ya nos enviábamos mensajes como si fuéramos amigas desde siempre. A medida que nos íbamos conociendo mejor, me di cuenta de que nuestras vidas no podían ser más diferentes. Su familia es probablemente la más unida que he conocido: su madre y su padre estuvieron muy presentes cuando ella era niña y educaron a sus hijos para trabajar por objetivos comunes. Yo nunca tuve eso, pero anhelaba seguir su ejemplo y construir una estrecha relación de trabajo con mi propia familia en la que los objetivos personales de cada miembro se apoyaran colectivamente, por lo que su perspectiva era inestimable para mí.

Poco después de que empezáramos a forjar nuestra amistad, Bricia me invitó a A Taste of Mexico, uno de los eventos que ella producía. Aquella noche, mientras charlaba con la gente, me dio un golpecito en el hombro y me dijo:

—Linda, quiero presentarte a mi amiga Patty.

En cuanto oí la voz de Patty, se me paró el corazón.

Todos los miércoles, mientras conducía durante dos horas por el tráfico de hora pico de Los Ángeles desde mi departamento compartido en Santa Ana hasta mi pasantía en After Dark Films, escuchaba *On Air with Ryan Seacrest*, en especial a una latina que tenía un segmento regular ese día. Con su marcado acento latino, me hacía sentir como en casa, como si estuviera hablando con una de mis mejores amigas por teléfono sobre las últimas tendencias y escuchando sus consejos. Sentía como si la conociera de toda la vida, mi nueva mejor amiga de la mañana.

—¿Patty Rodríguez? —pregunté, convirtiéndome enseguida en una fan.

Sonrió y asintió. Patty es una empresaria reconocida a escala nacional, personalidad de los medios de comunicación, productora de radio, autora de éxitos de venta e inversora ángel en empresas emergentes de latines: ella es la razón por la que Selena tiene una colección de cosméticos en MAC. También es la mujer más intrépida que he conocido. Lleva su corazón en la manga y convierte en acción las emociones conjuradas por las injusticias que observa, aprovechando su plataforma a toda costa para hacer lo correcto por su comunidad. Patty no busca la gloria que acompaña a sus hazañas desinteresadas, sino un cambio real.

A partir de ese momento, las tres nos volvimos inseparables. Perseguir nuestros sueños nos mantenía tan ocupadas que no teníamos mucho tiempo libre para vernos en persona, pero no pasaba un día sin que al menos unos cuantos mensajes zumbaran de un lado a otro en nuestro chat de grupo. Era una relación muy íntima, que nunca antes había experimentado. Charlábamos sobre jugadas empresariales, libros y la cantidad de riqueza que queríamos amasar.

Nuestras conversaciones sobre el dinero empezaron con algo un poco menos tangible: nuestros sueños. «Quiero escribir un libro», dijo Bricia un día. Inspirada por su franqueza, respondí: «Quiero hacer películas». Y Patty añadió: «Quiero tener una editorial». Enseguida nos dimos cuenta de que este era un espacio seguro donde podíamos expresar abiertamente nuestros verdaderos deseos y nuestros sueños más extravagantes. La clave era devolver esos sueños a la realidad y ponernos manos a la obra para realizarlos.

Bricia dirigía la conversación. Sus papás se habían esforzado por enseñarle desde muy joven a hacer negocios y a ser jefa, algo poco frecuente en las comunidades latinas. Ahora tienen uno de los restaurantes más exitosos de Los Ángeles y un premio James Beard. Sentí que cada victoria de Bricia y su familia era también mía: ella nos sirvió de ejemplo de lo que era posible y nos permitió soñar a lo grande, muy grande. ¡Necesitamos un ejército de Bricias en nuestras comunidades! Cuando se trataba de dinero, Bricia era franca y asertiva, y sacaba el tema con facilidad en nuestro chat.

Mientras tanto, Patty y yo nunca habíamos tenido este tipo de conversaciones honestas. Tuvimos que despojarnos del impulso de rehuir las conversaciones sobre dinero, porque sabíamos que eran cruciales para nuestras ambiciones. Así que aguzamos el oído y seguimos el ejemplo de Bricia, dejamos a un lado las falsas creencias que nos habían acosado durante años y creamos un espacio para estas inestimables conversaciones. Estas dos mujeres increíbles enseguida se convirtieron en los miembros fundadores de mi círculo de mentalidades financieras: las personas con las que podía hablar abiertamente de dinero, de mis sueños y de querer más, sin que me juzgaran. Al contrario, nos apoyábamos y nos empujábamos mutuamente para no perder el camino de nuestras visiones. De repente, la riqueza se convirtió en un aspecto positivo de mi vida, algo por lo que podía y debía luchar. La perspicacia de mis amigas desmitificó las preocupaciones que nuestros papás tenían cuando crecíamos, así que ahora podía abordar la idea de hacer dinero para construir mis sueños con confianza y no con miedo. Y, más importante aún, podía confiar en que mi gente me cubriría las espaldas y me ofrecería orientación sincera cuando tuviera preguntas tontas o me enfrentara a un gran problema. Fue un punto de inflexión para las tres.

Por aquel entonces, Patty y yo intentábamos que nuestro dinero despegara más allá de intercambiar nuestro tiempo por un sueldo; nuestro objetivo era ganar dinero de verdad. Bricia ya tenía un restaurante exitoso, pero aspiraba a crecer más. Ahora Bricia y Patty dirigen negocios multimillonarios. Estuvieron a mi lado cuando me lancé por primera vez al mercado de valores, escucharon mis miedos, celebraron mis victorias y apoyaron mi viaje. Y después de observar con atención cómo crecía mi inversión, acabaron por intentarlo también. Fue entonces cuando nuestras conversaciones pasaron de las finanzas generales a las acciones, siguiendo la evolución de nuestro camino para generar dinero. Bricia y Patty me brindaron un espacio seguro donde pude crecer y prosperar sin ser juzgada, donde aprendí a hacerle frente a mis falsas creencias y a hacerme amiga de la idea de la riqueza, y donde empecé a ver el dinero como una herramienta, como un medio para alcanzar un fin en lugar de un enemigo al que tenía que conquistar.

Encuentra tu círculo de mentalidades financieras. Estamos aquí. Busca ese espacio seguro que alberga a otras personas que vibran en la misma frecuencia que tú: gente de ideas afines, gente con objetivos y valores similares, gente que se encuentra en el mismo punto de la vida que tú. Pueden ser tus compañeros académicos, un colega de confianza, un amigo de toda la vida. Antes de acercarte a ellos, haz un inventario de sus comportamientos hacia el dinero para ver quién tiene una mentalidad de escasez y quién tiene una de abundancia. Debes asegurarte de que el espacio en el que estés por entrar sea terreno fértil: hablar de tus pasos monetarios en un terreno estéril puede crear grandes contratiempos en tu progreso. Quizá tengas que ir más allá de tu círculo para cultivar este tipo de cambio de mentalidad. La buena noticia es que, hoy en día, puedes encontrar en las redes sociales comunidades de latines enfocadas en el dinero: encuentra un creador de contenidos con buenos consejos que comunique las cuestiones monetarias de un modo que tenga sentido para ti. Lo más probable es que también congenies con la comunidad que lo sigue. Asimismo, hay grupos que organizan eventos en línea para establecer contactos, podcasts de finanzas y otros recursos a tu alcance, así que aprovéchalos todos para crear este espacio seguro para ti.

Las personas con mentalidad financiera no tienen por qué estar amasando grandes sumas de dinero en este instante, pero, como tú, deberían estar en el camino de la autoconciencia, aprendiendo a depositar el poder en sí mismas y no en el dinero. Las personas con mentalidad financiera apuestan por sí mismas y luego utilizan el dinero como herramienta para cumplir con esa apuesta. Bricia y sus hermanos les compraron a sus papás su ya próspero negocio y lo llevaron a nuevas alturas... hasta crearon una michelada que ahora se vende en Costco. Y Patty cofundó la empresa de medios de comunicación Sin Miedo Productions y cumplió su sueño cofundando también Lil' Libros, una editorial bilingüe de libros infantiles. Está invirtiendo no solo en sus ideas, sino en la imaginación de su comunidad, para ayudarla a convertir esos pensamientos en páginas tangibles y otros medios. Conectar con este tipo de personas que tienen ideas afines te ayudará a encontrar tu equilibrio y te inspirará confianza en tu propio viaje. Solo entonces estarás lista para entrar conscientemente en otras conversaciones sobre el dinero que pueden ser más difíciles de navegar.

Practicar cómo hablar abiertamente y con confianza sobre el dinero y tus inversiones con tu familia y amigos —un gran tabú en la comunidad latina— es el comienzo del crucial proceso de sanación. Entabla estas conversaciones particulares conscientemente y con empatía. Arrojarán luz sobre las heridas que arrastras y te ayudarán a reforzar tus nuevas verdades guerreras.

Si no estás segura de cómo empezar, aquí tienes unas cuantas formas de traer el tema a la conversación:

√ «Estoy buscando maneras de mejorar mi puntaje crediticio». Ahora comparte tu puntaje o los errores crediticios que cometiste en el pasado. Esto creará un espacio vulnerable preparado para compartir. Puedes seguir con: «¿Has trabajado en tu puntaje crediticio? ¿Te sientes cómodo compartiéndolo conmigo?».

√ «He estado trabajando para concientizarme de los pensamientos que tengo en torno al dinero, y me he dado cuenta de que tengo algunas creencias que van en contra de lo que quiero lograr». Esta es una buena manera de empezar a hablar de las falsas creencias y de cómo afectan nuestras decisiones sobre la creación de riqueza.

√ «Estoy pensando en invertir en el mercado de valores. ¿Has iniciado este viaje o te lo has planteado alguna vez?». Puede que esta frase haga que la persona con quien hablas se ponga a la defensiva o demuestre miedo a lo desconocido, pero intenta escuchar sus heridas monetarias y luego exploren juntos ese miedo con un comentario como: «Lo sé, da mucho miedo, pero creo que hay una oportunidad que vale la pena explorar».

Prepárate para una serie de reacciones de familiares y amigos: ten en cuenta todas las emociones de las que hemos hablado y cómo una charla sobre dinero con una persona nueva puede activar el miedo, la actitud defensiva o la tristeza. Ten compasión por quienes no te apoyan plenamente. En lugar de enfocarte en hacerlos cambiar de opinión, toma nota de las emociones que estas conversaciones suscitan en ti. Esas son tus heridas monetarias y falsas creencias, que aún requieren tu atención. Y deja algo de espacio para sorprenderte: nunca se sabe quién puede ya tener en mente el mercado de valores.

Si crees que aún no estás preparada para tener este tipo de conversación con la familia y los amigos que actúan como guardianes de tu sistema de creencias, entonces sigue enfrentándote con honestidad a tus falsas creencias y a tus heridas monetarias dentro de la seguridad de tu círculo de mentalidades financieras. Te ayudarán a identificar las sombras que no puedes ver por ti misma y te proporcionarán un espacio para que puedas trabajar en tus limitaciones con comodidad. Su apoyo y la mutua curiosidad crearán una sensación de confianza mientras emprendes tu viaje de guerrera de la riqueza. Se trata de un trabajo profundo y complejo, así que, si te encuentras con barreras o traumas que te parecen insuperables, no dudes en acudir a un terapeuta o a otro profesional de la salud mental con el que sientas una conexión, alguien que creas que entenderá tu punto de vista. Expresa tus emociones, traza los límites necesarios y mantén esas líneas para la persona en la que te estás convirtiendo. Es como limpiar tu casa.

Deshazte de todo lo que no te sirve, asegúrate de que todo lo que te sirve esté contabilizado y ten claro cómo acceder a él. Luego aprovéchalo. Todos los días.

Sal del victimismo y acaba con la «pobrecita yo»

Empecé a encarnar plenamente mi condición de guerrera de la riqueza hace solo unos años, cuando dejé de actuar como una víctima perpetua a merced del dinero. Se trata de un patrón que se empezó a arraigar en mí cuando era una niña sin recursos que vivía en una vivienda de bajos ingresos en California, con solo dos atuendos de ropa a mi nombre. Cuando nos mudamos a la casa de San Juan Capistrano, las cosas empezaron a mejorar y, por un breve instante, pensé que nuestra vida había cambiado para mejor y para siempre. Pero resultó ser un interludio efímero. La relación de mis papás estaba entonces en caída libre. Mamá había llegado a su límite con papá, y se volvió muy fría y desconectada.

Cualquier cosita podía desencadenar una reacción airada, así que mi papá, mi hermana y yo empezamos a caminar en puntas de pie cada vez que estábamos cerca de ella. Lo sentía por mi papá: por fin había empezado a hacer grandes cambios en su vida, como mantenerse sobrio, pero a los ojos de mi mamá, parecía ser demasiado poco y demasiado tarde. Un día, lo miró directo a los ojos y, con una voz inquietantemente serena, le dijo: «No te necesito. Quiero el divorcio». Su mamá y su familia insistieron en que siguiera así, le decían que la infelicidad era parte del paquete y que estaba obligada a soportarlo según la ley católica. Pero mamá ya no lo toleraba. Tras años de trabajar sin descanso para armar nuestras vidas mientras se asimilaba a la cultura estadounidense en una época en la que las mujeres por fin podían ser dueñas de su voz, sabía que podía mantenerse a sí misma y a sus hijas, lo que le permitió sentir su valor y aprovechar su poder. Desde luego, no iba a aceptar que la trataran así por una formalidad. Así que hizo las maletas, le dijo a mi papá: «Quédate aquí, nosotras nos vamos», y nos mudó a mí y a mi hermana pequeña a un complejo cerrado de departamentos en Laguna Hills. Dejamos atrás el arroyo y las colinas de San Juan, y con ellos mi consuelo.

La salud mental de mi mamá empezó a deteriorarse a toda velocidad, y su poder como mujer independiente e ingeniosa empezó a desvanecerse. Al notar el brusco cambio en su comportamiento, mi papá, mis tías y mis tíos decidieron que debíamos ir a Dallas para que ella pudiera estar más cerca de su familia. Nos alojamos en casa de uno de mis tíos hasta que mi mamá se sintió lo bastante estable como para encontrar nuestro propio lugar. Fue entonces cuando mi papá se mudó a Dallas y volvió a vivir con nosotras. Todo empezaba a recuperar cierta apariencia de normalidad hasta que una mañana me desperté y me encontré con mi mamá llamando a los inquilinos que habían alquilado la casa de San Juan Capistrano. «Tienen treinta días para irse», dijo y colgó el teléfono. Luego se encontró con mis ojos desconcertados y añadió: «Ándale, mi'ja, nos regresamos a California». Me subió al asiento del copiloto y a mi hermana pequeña en la parte de atrás, y dejamos a mi papá para siempre. Yo tenía unos diez años.

En cuanto volvimos a nuestra antigua casa, salí corriendo a explorar los arroyos y las mágicas colinas que recordaba como mi inmenso patio de recreo. Pero las cosas habían cambiado. Cuando empecé quinto grado, los niños del barrio, ahora en su mayoría de origen latino, se empezaron a burlar de mí por hablar como una niña blanca, pero era el vocabulario y el acento que había adquirido en lo que había sido una escuela mayormente blanca. Entonces empezaron a mandonearme: «¿Te crees mejor que nosotros?». Eran los años ochenta. El acoso escolar era algo con lo que había que lidiar: los profesores no intervenían y los papás tampoco. Sin nadie en quien apoyarme, me acurruqué en un rincón. Lo único que quería hacer era ponerme ropa *cool*, escuchar música, inventar coreografías... lejos estaba de ser una persona combatiente. Pero el acoso seguía en aumento. Por alguna razón, esos chicos me tenían entre ceja y ceja. En sexto grado, comencé a recibir amenazas de muerte de mis compañeros y llamadas a casa las veinticuatro horas del día. Se puso tan mal la cosa que empezamos a dejar descolgado el teléfono fijo. El miedo empezó a invadir cada minuto que pasaba despierta. No importaba dónde estuviera, miraba por encima de mi hombro sin cesar para ver si me seguían; no quería que me tomaran por sorpresa si me asaltaban.

Y luego, por fin ocurrió.

Estaba en la biblioteca pública local trabajando en un informe escolar sobre un libro cuando una cinta negra de octavo grado, alguien a quien yo ni siquiera conocía o reconocía, me acorraló en uno de los pasillos y me dijo: «Me dijeron que andas hablando mal de mí». Esa frase en nuestra escuela era código para «Estoy a punto de darte una madriza». Ella me destrozó. Sentí como si me hubiera dado vuelta la cara. Sus amigas nos rodearon en un círculo y observaron. Fue tan terrible que los bibliotecarios intervinieron y me la quitaron de encima para detener el ataque. Me levanté temblorosa, agarré mis cosas y volví a casa dando tumbos, sangrando, mareada y con un dolor punzante en la cabeza. Ese mismo día, cuando entré por la puerta de nuestra casa, mi mamá me echó una mirada y me dijo:

—¿Qué has hecho para merecer eso?

Intenté explicarle cómo había sido, pero ella me respondió:

—Pues algo habrás hecho para provocarla.

Fin del tema. Cero compasión. Desconexión total de la realidad.

Pensé que aquella pelea marcaría el final de mi tortura, pero para aquellos chicos ese era solo el comienzo. Cuando se enteraron de dónde vivía, empezaron a pasar corriendo frente a nuestras ventanas y a lanzar pedazos de madera de dos por cuatro pulgadas que rompían los cristales en mil pedazos. Las dos amigas que tenía sentían tanto miedo de que las vieran conmigo que empezaron a evitarme en la escuela; solo pasábamos tiempo juntas en casa a puerta cerrada. Cuando otra chica intentó pelearse conmigo, ese día llegué a casa y le dije a mi mamá: «Ya no aguanto más». Al final decidió matricularme en otra escuela, en Laguna Beach, pero allí tampoco logré encajar con los estudiantes. Aprender se convirtió en mi última prioridad porque toda mi energía estaba enfocada en sobrevivir a la siguiente terrible crisis de mi vida. No me sentía querida ni en la escuela ni en casa. Intuía en silencio que mi mamá me odiaba, como si le hubiera arruinado la vida de alguna manera. Su actitud hacia mi hermana era otra historia. Vi de primera mano el amor y la comprensión que yo anhelaba, por eso sabía que ella lo llevaba dentro, pero nunca iba dirigido a mí. Cuando buscaba el apoyo o la protección de mi mamá, me encontraba con el rechazo. Así que empecé a comportarme mal y a escaparme de casa. Solía quedarme en casas cercanas de desconocidos; buscaba a cualquiera que me acogiera. Al final, un día le dije a mi mamá: «Me mudo a Texas a vivir con mi papá».

Al cabo de un mes de vivir con él, alguien entró en su departamento y le robó los televisores. Luego de eso, dejarme en casa sola lo ponía nervioso, pero yo no veía el problema. Un televisor robado sonaba mucho mejor que una cara hinchada, y tenía una lista de precauciones de seguridad memorizadas. Aun así, él no lo podía soportar. «No puedo cuidarte». Me llevó a vivir con una tía. Nunca volví a vivir con ninguno de mis papás. Un año después, a los trece años, quedé embarazada.

Este tipo de trauma e incoherencia adopta muchas formas, sobre todo en las comunidades de color y en las familias inmigrantes. Tenemos que empezar a trabajar a una edad temprana para aportar en casa porque nuestros hermanos nos necesitan o porque es la norma cultural, en especial para las hijas. Luego de la preparatoria, tenemos que considerar alternativas porque la universidad no está dentro de nuestras posibilidades. Poco a poco, sin que nos demos cuenta, el dinero, o la falta de él, empieza a apoderarse de nuestras vidas y gana más poder sobre nosotras. Empieza a dictar nuestras decisiones al dejarnos cada vez con menos recursos y al apartarnos de las valiosas experiencias que necesitamos para construir estabilidad y entornos familiares positivos. Pensar en la riqueza generacional no podría ser más descabellado cuando hay tantos problemas cotidianos que resolver primero.

Nuestro entorno se convierte en nuestra mentalidad. Nuestra mentalidad se convierte en nuestras decisiones. Nuestras decisiones se convierten en nuestras historias. Y pronto se arraiga el victimismo y nuestra mentalidad de escasez sustituye nuestros sueños. Empezamos a poner nuestras historias en primer plano en las solicitudes, en las redes sociales y en nuestras comunidades como excusa de por qué no podemos avanzar. *Pobrecita yo, me esfuerzo tanto, pero haga lo que haga, no logro conseguir nada.* Cuanto más busquemos razones por las que no podemos hacer algo, más las encontraremos, lo que a su vez nos impulsa a solidificar nuestro sistema de falsas creencias y a crear un ciclo interminable que modelamos para nuestra familia y amigos, y lo transmitimos a nuestros hijos. Es un círculo vicioso que debe acabar en nosotros.

La pobrecita yo no tiene fuerza para salir del peligro. Cuando me propuse convertirme en empresaria a mis treintitantos años, estaba creando eventos que brindaban un espacio de relajación para las mujeres, donde se utilizaban rituales destinados a sanar traumas específicos de nuestras comunidades, pero mientras tanto, ganaba lo justo para cubrir mis gastos. Quería que estas mujeres aprovecharan su poder, pero no lo hacía por mí misma. No sabía lo que valía y eso me impedía cobrar una cantidad adecuada por mi tiempo y mis servicios. Me oía a mí misma decir: «No te preocupes, yo me las arreglo. Esa es la historia de mi vida». Esa mentalidad de pobrecita yo me permitía recibir solo lo que me daban, como aquellos dos atuendos que tenía que alternar durante el kínder. No me atrevía a pedir más, porque también veía a las demás como pobrecitas. ¿Cómo podía cobrarles el precio completo? ¿Y si no tenían suficiente?

Mal de muchos, consuelo de tontos. Afirmar que tú y todos los que te rodean son pobres o carecen de algo establece una intención para ti mismo y para tu experiencia personal. Piensa en los guardianes del sistema e intenta encontrar dónde empezó para ti esta mentalidad de pobrecita yo. Piensa en cómo te afectó de niña, en tu desarrollo. Luego elige tus palabras y acciones con más intención. En lugar de centrarte en lo que te falta, mantén la vista puesta en la riqueza que quieres conseguir. En lugar de pasar un tiempo interminable dándoles vueltas al pasado y a los «¿y si...?» que te persiguen —¿y si mi papá nos hubiera dado una manutención? o ¿y si mi mamá no hubiera tenido que trabajar tres empleos para poner comida a la mesa? o ¿y si yo no me hubiera sentido responsable de mi familia mientras crecía y hubiera podido vivir una adolescencia despreocupada?—, utiliza ese tiempo para poner los ojos en el futuro y empezar a aprender a poner el dinero a trabajar para ti. Ha llegado el momento de adentrarte en tu poder de guerrera de la riqueza y reclamar tu territorio. Comienza rompiendo con las heridas monetarias generacionales y las falsas creencias que han oprimido a tu familia y a tu comunidad. Como dice Jenny69 en su canción, es hora de pasar «*from a* pobrecita *to a bad bitch*», o sea, de pobrecita a chingona.

Modifica tu cerebro

Para modificar nuestro comportamiento y nuestras creencias primero tenemos que modificar nuestro cerebro a nivel neurológico. Sí, ahora voy a sacar mi lado de ratona de biblioteca con datos científicos. Ten paciencia, vale la pena.

El **sistema activador reticular (SRA)**, por sus siglas en inglés, es un conjunto de neuronas situado en el tronco cerebral que recibe información sobre todo lo que activa nuestros sentidos. Puede filtrar hasta dos millones de bits de datos activos a la vez y trabaja con el cerebro para determinar qué es importante y cómo reaccionamos ante ello. El SRA se encarga de filtrar el ruido para mantener el sueño, de nuestra respuesta de lucha o huida y de cómo percibimos el mundo; procesa y refuerza lo que ya está en nuestro subconsciente. Basándose en su análisis, nos brinda la información que necesitamos para sobrevivir en cada momento de nuestra vida.

Para muchos de nosotros que crecimos en modo supervivencia, el SRA se ha acostumbrado a estar sobreestimulado. Se ha acostumbrado demasiado a responder de esta forma extrema cuando, por ejemplo, gastamos mucho en una tarjeta de crédito o tenemos una factura que no podemos pagar ese mes. Cuando pensamos en que no tenemos suficiente dinero para cubrir un gasto, nuestro sistema enseguida se pone en marcha y se hiperconcentra en el problema (*no puedo pagar esta factura*) en lugar de enfocarse en la solución (*¿cómo puedo pagar esta factura?*).

Tus pensamientos importan. Tienen un efecto real sobre cómo tu cerebro filtra la información que es valiosa para ti. Y aunque no podamos controlar nuestros pensamientos, tenemos una capacidad increíble para dirigir nuestra atención hacia un lugar concreto. Esto significa que tenemos el poder de enfocarnos en nuestras falsas creencias o en nuestras verdades guerreras. Para llegar a este punto de elegir activamente la información que procesas, primero tendrás que modificar tu cerebro.

Volvamos al pensamiento: *No puedo pagar esta factura.* ¿Qué emociones te provoca? Lo primero que siento es una punzada de ansiedad seguida de preocupación y miedo. Surge el pensamiento *No me siento respaldada y no puedo mantenerme*, lo que despierta una sensación de fracaso seguida de *Ya debería tenerlo todo controlado*, lo que provoca vergüenza: *¿Qué me pasa?*, con ese pensamiento llega la ira, la culpa. El comportamiento que sigue a estos pensamientos y estas emociones es el modo de supervivencia. Pensamos: *Ya he pasado por esto, sé cómo superarlo*, y entonces el SRA se enfoca en conseguir dinero suficiente para sobrevivir a este gasto concreto.

¿Qué ocurre después? Atraemos experiencias que estamos preparados para manejar; así es como se ha condicionado nuestra mente. En cuanto al dinero, atraemos la cantidad exacta de dinero que necesitamos para sobrevivir. Novecientos para el alquiler, ni más ni menos. Pero nos llega con tal sensación de alivio que pensamos que se trata de un resultado positivo, y cimentamos este comportamiento en nuestro cerebro para poder acceder a él la próxima vez que necesitemos hacer frente a una situación similar. Es más, nos volvemos adictos a esta sensación de héroe, en la que apenas nos deslizamos por debajo de la trampilla justo antes de que se cierre contra el suelo. Empieza a coartar nuestra capacidad de crear una asociación positiva con la riqueza, que tenga un efecto a largo plazo en nuestra vida.

Entonces, ¿cómo podemos modificar nuestro cerebro? En lugar de pensar: *No puedo pagar esta factura*, prueba esto: *He utilizado el dinero para pagar mis facturas muchas veces. Mi corazón está abierto a empezar a recibir mucho antes de que venzan mis facturas.*

Es seguro tener más dinero del necesario.

Repítelo varias veces: *Es seguro tener más dinero del necesario.* Puntos extra si lo dices en el espejo para que también puedas verte. El sonido de tu voz hablando bien de tu relación con el dinero hará que tu SRA trabaje con este nuevo estímulo de alta vibración, y así logrará captar nuevas soluciones para problemas en apariencia imposibles. Esto se convertirá en la prueba de tu nuevo patrón de pensamiento que te ayudará a cambiar la narrativa y te hará ver toda esta experiencia desde una perspectiva completamente diferente.

El recuerdo que me viene a la mente es el de una Nochebuena. Acababa de terminar la universidad, luchaba por encontrar trabajo en los medios de comunicación y compartía un departamento de una habitación con otra persona. En lugar de la típica reunión familiar con tamales, pozole, champurrado y ponche, me encontraba sola en casa con el refrigerador vacío porque mi próximo sueldo llegaría hasta el primer día del año nuevo. Sabía que los tacos en Jack in the Box costaban noventa y nueve centavos, así que busqué monedas sueltas por todos los rincones de mi departamento hasta que encontré la cantidad exacta que necesitaba, y de inmediato rompí a llorar. «Gracias», pensé. «Gracias, gracias, gracias. Esto es todo lo que necesito. Dos tacos, salsa picante extra y estaré bien». Me embolsé el cambio, me dirigí al Jack in the Box que había al final de la calle e hice mi pedido con una gran sonrisa. Sin embargo, cuando la cajera me quiso cobrar, me di cuenta de que me había olvidado del IVA (impuesto al valor agregado). Se me cayó el alma a los pies hasta que oí decir a la cajera: «No te preocupes, va por mi cuenta». Cada vez que recuerdo esto en un momento de estrés financiero o incertidumbre, me estoy alimentando con un mensaje que incita a un sentimiento más tranquilo y me coloca en un lugar de menor resistencia. *Incluso en mis momentos de mayor escasez, siempre recibo apoyo.*

Con el tiempo y con nuevos recuerdos, tus nuevos patrones mentales te ayudarán a abandonar la supervivencia y la costumbre de simplemente arreglártelas, así como a modificar tu cerebro con una clave esencial de la mentalidad de la guerrera de la riqueza: prosperar.

Derribar los muros invisibles que rodean nuestros sueños financieros toma tiempo y esfuerzo. Requiere el apoyo adecuado, una mentalidad de crecimiento y nuestra atención activa. Es una práctica que debe cultivarse y ajustarse a medida que surgen contratiempos, pero tiene rendimientos increíbles. Ocurren cosas buenas y malas, sobre todo cuando se entra en el mundo de la inversión. Al abordar las siguientes fases de nuestro camino de inversión, nuestras heridas y falsas creencias intentarán emboscarnos. Los guardianes de los sistemas dentro y fuera de nuestras comunidades intentaran disuadirnos de tomar medidas monetarias que tengan impacto. Nuestra propia mente quizá nos traicione al insistir demasiado en que no tenemos lo que queremos. Pero ahora estamos armadas y preparadas para enfrentarnos a estos factores. Tú eres la jefa en esta relación.

Al empujar estos límites, generar nuestras propias creencias y modelarlas en nuestras comunidades podremos hacer realidad la oportunidad que nuestros papás soñaron para nosotros. Así es como plantamos nuestras semillas y creamos nuestro propio jardín, en el que utilizamos el dinero como herramienta para producir más dinero y empezar a crear riqueza para nosotros, nuestras familias y las futuras generaciones, de modo que todos tengamos la libertad de hacer más de lo que deseamos con nuestro tiempo en esta tierra. Ahora que has sobrevivido a este campamento de entrenamiento emocional, es hora de pasar al financiero. ¡Vamos!

PASO 2

UNA MENTALIDAD DE ESCASEZ ENCUENTRA UNA EXCUSA... UNA GUERRERA DE LA RIQUEZA ENCUENTRA UN CAMINO

Las mujeres ya no lloran, las mujeres facturan.

—*Shakira*

Mientras sigues buscando pistas en tu pasado y en tu presente que te ayuden a comprender cuál es tu relación actual con el dinero y a reparar las áreas que necesitan atención, quiero que des un paso en la dirección de sanar tus finanzas. Este viaje no consiste solo en ser honesto y conectar con las emociones que despierta el dinero, sino también en sincerarte contigo misma sobre cuál es tu situación actual en lo que respecta a tus deudas (cuánto debes) y **activos** (cuánto tienes). Este es un hábito que debemos seguir desarrollando para navegar mejor por el camino de la inversión bursátil, de modo que no permitamos que el miedo o una sensación abrumadora de que todo esto es demasiado nos empujen a abandonar. No te rindas. Te entiendo. Sé cómo te sientes. Mirar la verdad sobre ti misma y tu relación con el dinero en blanco y negro, en una página que no permite justificaciones ni excusas, es jodidamente abrumador. Nos obliga a cuestionar nuestras decisiones y a afrontar con sinceridad nuestro papel a la hora de dar los pasos adecuados para hacer realidad el futuro que imaginamos, ya sea volver a estudiar, comprar una casa, prepararnos para la jubilación, ¡o las tres cosas!

Por aterrador que pueda parecer, aclarar cuáles son tus deudas eliminará el factor miedo y te permitirá establecer los objetivos financieros adecuados para ti. Agárrate: para algunas de ustedes puede ser un viaje lleno de baches, pero arrastrarse por el barro las preparará para marchar a la batalla con la confianza que toda guerrera de la riqueza necesita para triunfar.

DESTAPA TUS DEUDAS

Cuando empecé a trabajar en Liberman y me instalé en California, recibí una llamada de mi prima Juanita. «¿Y qué vas a hacer ahorita con todo ese dinero extra?». Esa es mi prima favorita. Es la primera persona a la que consideré como mejor amiga en mi vida. Aunque crecimos en estados diferentes, sentíamos un profundo amor la una por la otra y nos emocionamos muchísimo cuando pudimos pasar más tiempo juntas durante las estancias de mi familia en Texas.

Juanita es una de las personas más responsables que conozco, en especial cuando de dinero se trata. Tiene la sagaz idea de que cada gota en la cubeta tiene el poder de crear algo sustancial. Cuando empecé a darme cuenta de mis heridas generacionales, enseguida pasó a formar parte de mi círculo de mentalidades financieras. La verdad es que, en ese frente, es mi heroína. La vi crecer y evolucionar con gran admiración y sigo celebrando cada uno de sus logros. A los veintitrés años ya era propietaria de una casa, ¡con un sueldo de diez dólares la hora! Con determinación y disciplina, consiguió ahorrar para el pago inicial a través de una tanda, una asociación de ahorro y un crédito rotatorio. Una tanda está formada por un grupo de personas que se conocen y se reúnen para juntar su dinero y ahorrar para un objetivo mayor. Cada persona aporta una cantidad determinada de dinero, y la suma se entrega a uno de los miembros para que pueda realizar esa compra mayor o saldar una deuda que de otra manera no hubiera podido pagar. Este tipo de asociación tiene más de doscientos nombres y se utiliza mucho en toda América Latina porque los ciudadanos desconfían profundamente de los sistemas bancarios de sus países. Los inmigrantes que llegan a Estados Unidos ponen en práctica esta asociación como forma de acceder a fondos de emergencia o para comprar una casa, como mi prima. La tanda era su círculo de mentalidades financieras, e incluía a sus papás, que modelaron un comportamiento responsable con el dinero.

La pregunta que Juanita me hizo por teléfono aquel día sobre mi nuevo sueldo me llevó de inmediato a imaginarme un clóset lleno de ropa nueva, zapatos divinos y pendientes extravagantes. Mientras mi mente vagaba por mi clóset de fantasía, Juanita añadió: «¿Qué te parece comprar una casa?». Mis ensoñaciones se pararon en seco. Tenía veintisiete años y ganaba un buen sueldo, pero seguía sin sentirme respaldada por el dinero. A lo largo de los años, había perdido la confianza en él. La creencia de que «no soy buena con el dinero» estaba en plena vigencia. Sin embargo, también estaba despertando al hecho de que ya no podía esperar y rezar para que apareciera mágicamente en mi regazo. Mi primera acción fue aceptar el trabajo en Liberman. La segunda fue escuchar por fin a mi prima.

Juanita trabajaba en una cooperativa de ahorro y crédito, y esa experiencia la situó en lo más alto de su educación financiera. Conocía los pormenores de los préstamos hipotecarios, las cuentas de ahorro, los puntajes crediticios... cosas que yo ni siquiera me planteaba, porque mi relación con el dinero seguía en un callejón sin salida. «Si yo puedo comprar una casa con mi dinero, ¡piensa en lo que tú puedes hacer con lo que ganas ahora!», me dijo con vehemencia durante aquella conversación. «Lo único que tenemos que hacer para empezar es revisar tu crédito». Yo la respetaba mucho, así que agucé los oídos ante su consejo, pero la palabra *crédito* hizo que mi estómago diera volteretas.

Después de meses de conversaciones con mi prima, por fin accedí a solicitar mi informe crediticio y afrontar los hechos a los que no había prestado atención durante los últimos años por estar demasiado consumida por otras cosas. Quién me iba a decir que un paso tan aparentemente pequeño tendría el poder de despertar mis heridas monetarias. De repente me inundaron el miedo, la culpa, la vergüenza y los sentimientos de fracaso. Al recibir mi informe crediticio y compartirlo con mi prima, casi sentí como si me pidieran que caminara sobre fuego, desnuda, delante de una multitud, porque sabía que revelaría lo que no quería que nadie viera: el impago que se cernía sobre mi cabeza como un puñal. Aunque la inquietud me comprimía el corazón, respiré hondo y le envié a mi prima el informe que revelaba mi verdad financiera: mis deudas acumuladas y los pagos pendientes me habían convertido en una morosa de mis tarjetas de crédito.

Todo comenzó con la primera tarjeta que solicité, en mi campus universitario, con un **interés** del 29 %. Fui una de las muchas personas que cayeron en la trampa del representante de tarjetas de crédito que nos visitaba cuando éramos estudiantes de primer año y nos vendía las maravillas de tener tarjetas a nuestra disposición. Pero justo debajo de sus actitudes optimistas y sus visiones de muebles a la última moda para los dormitorios, se escondía el comportamiento depredador habitual que emplean muchas empresas de tarjetas de crédito. ¿Qué mejor cliente que un universitario de primer año con poco o ningún conocimiento de cómo funciona realmente una tarjeta de crédito? Muchos de nosotros acabamos con una deuda que estaba fuera de nuestro alcance y optamos por no pagar nuestras facturas e incurrir en impagos. Aun así, después de haberle tomado el gustito al plástico, también solicité las tarjetas de Victoria's Secret —¡nunca se puede tener demasiada ropa interior!— y Target. Veía esas líneas de crédito como dinero gratis. Alrededor de un año más tarde, tenía una deuda de cinco mil dólares que no podía pagar con mi sueldo de mesera. Si alguna de esas tarjetas me hubiera ofrecido un límite mayor, estoy segura de que también lo habría agotado.

Así que decidí mirar hacia otro lado e ignorar por completo los estados de cuenta vencidos en alerta roja y las llamadas de las agencias de cobro. «Ya me ocuparé de todo eso más adelante», pensaba. Me imaginaba que podría saldar la deuda cuando me graduara y empezara a ganar más dinero. Pero «más adelante» pasó de unas semanas a unos meses y a cinco años. En ese lapso había conseguido trabajos con sueldos decentes, así que no es que no pudiera permitirme empezar a pagar esas facturas, sino que elegí comprar zapatos. Y admitirlo fue súper vergonzoso. Juanita ya había intentado ayudarme a poner orden en mi vida. Ella y sus papás me ayudaron a identificar que tenía un grave problema con las compras y que probablemente las utilizaba para llenar otros vacíos en mi vida. Pero el cambio sólo se produce cuando estamos dispuestos a actuar.

Enfrentarnos a nuestras deudas, a nuestro puntaje crediticio, a esos números que nos miran fijos desde la página, es como airear nuestros trapos sucios. Podemos tener la sensación de haber fracasado o incluso de haber perdido el tiempo. Pero también es un enorme baldazo de realidad. El puntaje crediticio —un número que básicamente indica a los prestamistas tus probabilidades de pagar una deuda— puede oscilar entre 300 y 850 puntos. Si tienes un puntaje más alto, eso indica a los prestamistas y a las empresas de tarjetas de crédito que es probable que cumplas con tus pagos. Cuanto más bajo sea el puntaje, menos creíble serás a sus ojos. Un buen puntaje suele estar entre 670 y 739. Ahora, considera lo siguiente: en 2021, las comunidades blancas tenían un puntaje promedio de 727, mientras que las comunidades latinas tenían un promedio de 667, las comunidades negras estaban en 627 y las comunidades de nativos estadounidenses tenían un promedio de 612. Todas, menos las comunidades blancas, quedaron por debajo de lo que se considera un buen puntaje. Esto demuestra que el puntaje crediticio es un número arbitrario que no pinta el cuadro completo, pero no hay lugar para completar los espacios en blanco, por lo que no nos queda de otra que armarnos de valor y tomar control del asunto.

Cuando por fin aceptamos la deuda que podamos tener, también nos vemos obligados a analizar nuestros hábitos adquisitivos. ¿Adónde va nuestro dinero? ¿Qué podemos hacer para ser más eficientes en la gestión del dinero como herramienta, en lugar de dejar que se convierta en un arma que pueda hacernos daño? Abordar nuestro puntaje crediticio puede convertirse en un catalizador para afrontar nuestras heridas monetarias. ¿Por qué necesitamos más zapatos o ropa? ¿Qué vacío intentamos llenar? ¿Estas compras nos ayudan o simplemente encubren algo que no queremos enfrentar? Claro, me vi atrapada en la trama de las tarjetas de crédito universitarias, pero también tenía un hábito adquisitivo perjudicial que tenía que cortar de raíz mientras me ocupaba de mi deuda pendiente para que todo esto funcionara. Mientras Juanita evaluaba mi situación económica, entré a mi clóset y miré mi colección de cosas, en su mayoría baratas porque en ese entonces prefería la cantidad a la calidad, y me sentí incrédula conmigo misma. ¿Por qué había perdido tanto tiempo y energía en esto? Había corrido la cortina y no perdí ni un segundo más. Puse en práctica el método de Marie Kondo en mi clóset y en mi departamento antes de que el método de Marie Kondo existiera. Me quedé solo con lo que me gustaba y regalé todo lo demás.

Mientras tanto, en el frente financiero, Juanita me envió una lista de lo que necesitaba mi atención. Lo primero era hacer frente a la deuda que podía pagar en su totalidad, mientras me comprometía conmigo misma a pagar con empeño mis facturas actuales para no repetir mis errores del pasado. Mi lado rebelde apareció por un momento y quise resistirme a lo que me parecía una tarea imposible. No podía deshacerme de la vergüenza que sentía por haber sido tan irresponsable. Pero ella fue severa y estricta conmigo, y me ayudó a mantener el rumbo. Ahora me toca a mí ayudarte a ti.

¿Sabes cuántas deudas tienes o cuál es tu puntaje crediticio? Si no lo sabes, es hora de prepararte para la batalla y destapar tus deudas. Visita www.inluzwetrust.com/wealthwarrior y descarga gratis la hoja de cálculo de Assets and Liabilities (Activos y Pasivos). Agarra tus últimos estados de cuentas bancarias, de jubilación y de inversiones, y tómate tu tiempo para leerlos y digerir la información. Anota las cifras que representan cuánto tienes en cada cuenta en la columna de Assets (Activos), es decir, lo que pone dinero en tu cartera. Ahora echa un vistazo a los últimos estados de cuentas de tus tarjetas de crédito, pagos del carro, préstamos y/o hipotecas y anota lo que debes en la columna Liabilities (Pasivos), es decir, lo que saca dinero de tu cartera. Sé lo más detallada posible. Esta hoja simplemente te dará una imagen clara de cómo están tus finanzas en la actualidad y te permitirá saber cuál es tu situación de bienes patrimoniales (tus activos menos tus pasivos). También te ayudará a empezar a pensar en qué tipo de intenciones monetarias te gustaría establecer para tu futuro. Revisa esta hoja cada seis o doce meses, y actualiza las cifras para comprobar tu progreso.

Una vez que tengas una idea más clara de tu situación en cuanto a lo que tienes y lo que debes, entra en una de las tres principales agencias de información crediticia de Estados Unidos —Equifax, Experian o TransUnion— para acceder a tu informe crediticio. Tienes derecho a un informe crediticio gratuito cada doce meses de cada una de estas agencias, así que no hay excusas para no dar este paso. La información está a tu disposición; de ti depende entrar en este campo de batalla. No es una lucha fácil, pero es un enorme baldazo de realidad que puede empujarte hacia una relación más sana con el dinero, una relación que puede conducirte a desarrollar por fin la riqueza que mereces.

Una vez que empecé a saldar mi deuda, mi prima me inculcó que no podía permitir que esto volviera a suceder. No podía permitirme volver a caer en los viejos hábitos y acabar en otro agujero asfixiante de deudas e irresponsabilidad. Me quedó clarísimo, pero no confiaba en que haría lo correcto. Lo único que oía en mi mente era la falsa creencia que se negaba a desaparecer: *No soy buena con el dinero.* Sabía que necesitaba tiempo para controlar mejor mis finanzas y consolidar mis nuevos hábitos. Tenía que dejar atrás a la niña que quería comprarse todas las cosas brillantes a las que no había tenido acceso de pequeña y convertirme en una mujer capaz de administrar su dinero y pagar sus facturas. Aceptaba que aquella niña no era buena con el dinero, pero eso no tenía por qué reflejarse en la mujer en la que me estaba convirtiendo. Además, si tenía la capacidad de aprender nuevas habilidades, también podía aprender a manejar mi dinero. Solo tenía que poner manos a la obra. Así que decidí evitar la tentación de una nueva tarjeta de crédito para así vivir una vida sin crédito hasta poner fin a mis malos hábitos de gasto y sentir que tenía las cosas bajo control.

Con el tiempo, pasé de comprar cosas sin pensar a tomarme un momento y preguntarme: «¿Tengo dinero para comprar esto o no?». Si tenía el dinero, me preguntaba: «¿Por qué me quiero comprar esto? ¿Lo necesito?». No me volví restrictiva: seguía comprando cosas que me hacían feliz, como buenos productos para el cuidado de la piel. Pero ahora comencé a tener más claro qué compraba y cuál era su origen emocional. Me di cuenta de que comprar cantidades excesivas de cosas por el mero hecho de comprarlas podía hacerme sonreír durante un ratito, pero no me brindaba una alegría real y profunda. Así que aprendí a dejar de ir más allá de mis posibilidades.

Para ser en una generadora de riqueza, tienes que convertirte en una guerrera que hace un reconocimiento importante de dónde se encuentra con su deuda y su crédito. No hay un camino mágico para evitar enfrentarte a tus finanzas. Tienes que poner manos a la obra y conocer estas cifras como la palma de tu mano para responsabilizarte de tus acciones. Esto forma parte del viaje de sanación. Tener claros tus pasivos y activos te ayudará a comprender cómo funciona el dinero en tu vida en este momento y qué necesitas ajustar para que funcione aún mejor.

OBTÉN CLARIDAD RESPECTO A TU DINERO

Mentalidad de escasez: ¿Cuánto cuesta?

Mentalidad de guerrera de la riqueza: ¿Cuánto me hace ganar?

Mentalidad de escasez: ¿Y si fracaso?

Mentalidad de guerrera de la riqueza: ¿Qué ocurre cuando tengo éxito?

Con mi metamorfosis financiera en marcha, aproveché la oportunidad de entrar en la industria cinematográfica de Hollywood y dejé mi puesto en Liberman para hacer una pasantía no remunerada en After Dark Films, que al final me llevó a un puesto de coordinadora de marketing en Pantelion Films, lo que significó renunciar a mi sueldo de ochenta mil dólares anuales por un salario de trece dólares la hora. Lo sé, parece un enorme paso atrás en cuanto al dinero, pero estaba convencida de que era lo que tenía que hacer para abrirme paso en esta industria. Aún no podía comprarme cosas caras ni regalarme experiencias lujosas, pero había llegado a un estudio cinematográfico latino innovador de Hollywood que contaba con el respaldo del gigante de la industria cinematográfica Lionsgate, y me sentía agradecida de estar allí.

El ambiente era más propio de una *startup*, con un director general, un director financiero y un productor respaldados por un equipo de marketing formado exclusivamente por mujeres: dos ejecutivas y dos coordinadoras. A diferencia de los estudios más grandes, donde los empleados se limitan a sus departamentos específicos, nosotros participábamos en todo, de modo que pude trabajar en los diferentes aspectos del negocio, desde la elaboración de presupuestos hasta el desarrollo de campañas de marketing, la coordinación de eventos y la creación de bolsas con regalos. Poco después de incorporarme a Pantelion, conseguimos una gran película (*Casa de mi padre*, considerada ahora un clásico de culto, con Gael García Bernal, Diego Luna y Will Ferrell, quien habla solo español en toda la película), y nuestro trabajo consistía en producir un estreno de alfombra roja. Necesitábamos una coordinadora de relaciones públicas estelar para reservar todo y gestionar los presupuestos así como los viajes, y mis dos jefes enseguida se dirigieron a mí. «Tu personalidad es perfecta para este tipo de trabajo, así que eso es lo que harás a partir de ahora», me dijeron. Estaba dispuesta a hacer cualquier cosa por este estudio pionero, así que asentí sin hacer preguntas. Había estado rezando por este momento. Aunque tener que ejecutar toda la logística con hoteles, vuelos, carros y giras de prensa y gestionar presupuestos de tres millones de dólares me catapultó a un frenesí inducido por el estrés, el trabajo dio sus frutos en el aspecto emocional. Sabía que me había ganado ese título y quería demostrarles a mis jefes que tenían razón. En unos meses estaba volando a Nueva York, Chicago y Miami con estrellas de primera, trabajando en alfombras rojas de verdad en el Grauman's Chinese Theater, viviendo el sueño. Estaba tan agradecida por haber logrado abrirme paso en Hollywood que ni siquiera pensé en negociar un aumento. De día era una gran coordinadora de relaciones públicas y de noche una treintañera que cenaba frijoles con tortillas y compartía una botella de vino de Trader Joe's con mis dos compañeras de piso.

A pesar de que había asumido un montón de responsabilidades adicionales y de que mi trabajo me iba de perlas, mi salario seguía siendo de trece dólares la hora. Me merecía un aumento, pero ¿cómo iba a pedir más dinero al estudio cuando ellos también estaban empezando? Ni una sola vez se me ocurrió pensar que estaban respaldados por uno de los estudios de cine más importantes de la zona. ¡Estaba proyectando mi mentalidad de escasez y de «pobrecita yo» en una empresa con inversores! Este es un patrón de pensamiento común entre las mujeres y entre los hijos de inmigrantes. ¿Cuántas veces has asumido la identidad de una empresa con una misión valiente? ¿Cuántas veces has tratado a tus colegas como familia y has acabado haciendo demasiados favores que han alterado tu carga de trabajo? Nuestra condición de inmigrantes o minorías trabajadoras, eternamente agradecidas y humildes nos impulsa a proteger a nuestros empleadores para protegernos a nosotros mismos y demostrar nuestra valía. Esta es una forma significativa en que una mentalidad de escasez, unida a sistemas y prejuicios opresivos, puede mantenernos atrofiados y luchando. Como hija de inmigrantes *baby boomers*, creía que yo también tenía que agachar la cabeza y trabajar duro —¡alerta de falsa creencia!— solo para recibir un regalo en cada aniversario importante hasta que pudiera jubilarme y mudarme a Florida con una gran pensión. Esto último era un modelo que veía en la televisión, así que seguí adelante, anteponiendo la lealtad mutua al salario adecuado.

Cuando llevaba un año en mi puesto de relaciones públicas, estaba en un avión nada menos que con el actor Will Ferrell y su publicista, volando hacia un evento promocional en Miami.

El publicista pasó de la primera clase a mi asiento de clase turista y mencionó algo que tenía que comprar antes de nuestra próxima parada. Asentí con la cabeza y me puse en modo relaciones públicas, ignorando por completo mi corazón acelerado. «No puedo resolver esto. Tengo que llamar a mi jefa». Me miró con disgusto y se marchó. En cuanto lo perdí de vista, le envié un mensaje de texto a mi jefa. «Cárgalo a tu tarjeta y te lo devolveremos», respondió con naturalidad. Me conecté a toda velocidad en línea y eché un vistazo al saldo de mi cuenta corriente... apenas tenía para pagar mi alquiler, que vencía en una semana. Es más, un par de semanas antes de este incidente, me había puesto en contacto con recursos humanos para solicitar un bloqueo fiscal cuando se me estropeó el carro. No retuvieron ningún impuesto del cheque de ese ciclo, así que tuve acceso a unos cuantos billetes extra para cubrir la reparación. No me sobraba el dinero.

En general, todos los gastos se cubrían con la tarjeta de crédito personal del director general y luego se le reembolsaban a él, así que esto me vino totalmente de sorpresa. No podía desprenderme del dinero que tanto me había costado ganar y arriesgarme a no pagar el alquiler. «¿Hola?». El desconcertado mensaje de texto de mi jefa me devolvió al presente. Sintiendo el calor de la vergüenza enrojecer mis mejillas, le contesté: «No tengo tarjeta de crédito». Desde que me había enfrentado a mi informe crediticio y había puesto en marcha mi limpieza financiera un par de años antes, me había prometido no volver a endeudarme, así que había renunciado por completo a las tarjetas de crédito. Mi corazón apretaba el acelerador de solo pensar en utilizar mi tarjeta de débito, con mi mentalidad de escasez al volante.

Mi jefa tomó las riendas y se puso en contacto con el equipo de relaciones públicas que habíamos contratado en Miami, y el problema se resolvió, pero eso no quitó mi mortificación. Cuando terminó el evento y regresé a casa, mi vergüenza inicial se convirtió en rabia. ¿Cómo podía dedicar tanto tiempo y energía a una empresa que me pagaba trece dólares la hora y esperaba que yo cubriera los gastos con mi propio dinero? Esta sensación se me quedó grabada.

Dado el papel que desempeñaba en el estudio y todas las responsabilidades con las que hacía malabarismos (con gracia y enorme paciencia), decidí tomar cartas en el asunto e ir derecho al director general a exponerle mi caso.

—Necesito al menos un dólar más por hora —le dije en nuestra reunión. Supuse que si mantenía mi petición de aumento lo bastante baja, tendría más posibilidades de obtener su aprobación.

—Desgraciadamente, nuestro presupuesto está tan ajustado que no podemos ofrecer ningún tipo de aumento en este momento —dijo el director general sin pensarlo dos veces.

Salí de su oficina abatida, sintiendo el peso del mundo sobre mi pequeño cuerpo, pero también aprendí una valiosa lección aquel día. Fue la primera vez que la necesidad de un cambio monetario eclipsó mi inversión emocional en el estudio. Aquellas personas no eran mi familia. Eran mis colegas, y velaban por su negocio. Ahora me tocaba a mí velar por mí. Con este pensamiento, el «No» del director general despertó de pronto a la luchadora que llevaba dentro y avivó mi deseo de querer más.

Obtener claridad con respecto a tu dinero es absolutamente esencial para evaluar con plenitud tu alcance financiero antes de lanzarte a cualquier acción para crear riqueza, ya sea pedir un aumento, cambiar de trabajo o destinar dinero para invertir en el mercado de valores. No solo debes tener claras tus deudas;

tienes que saber con qué estás trabajando a fin de que puedas saber qué necesitas para desarrollarte con éxito.

Vuelve a www.inluzwetrust.com/wealthwarrior y descarga la hoja de cálculo gratuita llamada Investment Plan (Plan de inversión). ¿Cuánto ingresos tienes mensualmente en concepto de salario, intereses o actividades paralelas? Añade esas cifras a la columna de Income (Ingresos). ¿Cuánto gastas al mes en alimentos, servicios públicos, cable, servicios de suscripción, ropa, entretenimiento, pagos de tarjetas de crédito, alquiler o hipoteca, etc.? Anota esas cifras en la columna de Bills and Subscriptions (Facturas y subscripciones). Esta es tu oportunidad de ver de dónde viene tu dinero, adónde va y qué puede o no estar funcionando a tu favor para acumular riqueza. Ten esta hoja a la mano, ya que volveremos a ella en el Paso 4 de este libro para rellenar las casillas restantes.

Mientras revisas estas cifras, tómate un momento para revisar también tus emociones. Pregúntate: «¿Cómo me siento ahora mismo?». Sé sincera. ¿Confías en el dinero? ¿Te sientes apoyada por el dinero? ¿Estás preparada o necesitas un minuto? No pasa nada si tienes dudas o inseguridades. Cada paso en este camino requiere tiempo, paciencia y la capacidad de sintonizar con atención no solo tus acciones, sino cómo te sientes y por qué.

Cuando me enfrenté a mi informe crediticio, me había dado por vencida en ese aspecto de mi vida y estaba en completa negación. Pero en cuanto le clavé los ojos a este miedo y comprendí en qué tenía que enfocarme para poder recibir y ampliar mi riqueza, algunas partes de mi vida empezaron a cambiar para bien. Pude automatizar los procesos financieros, y liberar así parte de mi espacio mental y de mi tiempo (que los sistemas y los guardianes suelen robarnos) y, a su vez, obtener la claridad necesaria para ver que estaba saturada de trabajo y mal pagada. Cuando te enfrentas a tus pasivos y obtienes claridad con respecto a tu dinero, surge un sentido de responsabilidad y rendición de cuentas que fomenta un crecimiento y una comprensión inestimables, y te da espacio para sanar y atraer oportunidades que te servirán mejor en todos los ámbitos de tu vida. Te prepara para que, con confianza, empieces a poner en práctica algunos movimientos financieros clave que te conducirán con paso firme hacia tu viaje de acumulación de riqueza.

LAS SEIS PRINCIPALES INVERSIONES GENERADORAS DE RIQUEZA

Como cualquier batalla inminente, entrar en un nuevo territorio puede causar miedo y ansiedad (¡órale, heridas monetarias!). Quizá seas malísima para las matemáticas o quizá tus papás no te mostraron una relación positiva con el dinero. Tal vez estés empezando como yo hace una década, sin una verdadera riqueza generacional, con varias personas a tu cargo y consciente de que el camino hacia la riqueza es largo e incierto. Estoy aquí para decirte que ahora es el momento de alfabetizarte en las finanzas. Así que, antes de sumergirnos a fondo en el mercado de valores, vamos a empezar a ganar confianza conociendo las seis principales inversiones generadoras de riqueza que son accesibles o están al alcance de la mayoría de la gente.

Estos pasos multiplican tus dólares mientras te ganas tu sueldo principal. También acrecentarán tu crédito y tu **cartera de inversiones** (es decir, tu colección de inversiones), que más tarde podrás utilizar como palanca para más estrategias de creación de riqueza. Recuerda que la facilidad financiera fluirá a partir de tus nuevas creencias. Con el tiempo, podrás estar segura de que tu dinero sigue creciendo mientras te enfrentas al mundo, y cuando estés preparada para comprarte ese carro nuevo o darte el gusto de unas vacaciones, tu cartera de inversiones te lo permitirá. Si ya tienes algunos de estos componentes, ¡genial! Si no los tienes, siempre es un buen momento para empezar a potenciarlos a tu favor. Te recomiendo encarecidamente que te lances cuanto antes, ya que se trata de inversiones que se revalorizarán con el paso de los meses y los años. Es hora de empezar a desplegar tu dinero para que trabaje para ti.

1. Págate a ti misma primero con una cuenta de ahorro de alto rendimiento

«Las cuentas de ahorro de alto rendimiento son para los pobres». Cuando oí esa frase, me estremeció hasta los huesos. Estaba sentada con las piernas cruzadas en el sofá con mi *laptop*, inmersa en mi camino de alfabetización financiera, consultando vídeos de YouTube y cualquier otro recurso gratuito que pudiera encontrar en Internet para comprender mejor el dinero. Había encontrado a un joven blanco que parecía tener una nueva forma de explicar las finanzas, y yo estaba con muchas ganas de escuchar sus consejos hasta que dijo aquella frase. Espérame tantito... si una cuenta de ahorro de alto rendimiento es para los pobres, ¿dónde deja eso a todos los que en nuestras comunidades guardan el dinero que tanto les ha costado ganar en una cuenta de ahorro normal que se comercializa específicamente para ellos?

Mi reacción inicial fue mandarlo a callar, pero mi corazón me dijo: «No lo rechaces». Así que contuve mi deseo de escribirle un comentario furioso a este tipo para decirle lo que pensaba y, en lugar de eso, me quedé sentada intentando digerir su declaración y captar lo que quería decir en vez de enfocarme en a quién se refería. Y entonces me cayó el veinte. Nos sentimos muy orgullosos de atesorar dinero, sin darnos cuenta de que los billetes y la riqueza se pueden ganar a través de las inversiones. Pero para cambiar nuestra mentalidad y llegar al punto en que podamos sentirnos cómodos invirtiendo, tenemos que empezar a hacer ciertos ajustes en lo que hacemos hoy con nuestro dinero. Y puede empezar con algo tan sencillo como trasladar tu dinero de una cuenta de ahorro normal a una **cuenta de ahorro de alto rendimiento.** Cuando les pregunté a mis amigos y familiares si conocían las cuentas de ahorro de alto rendimiento, todo lo que recibí como respuesta fueron miradas vacías. La verdad es que yo tampoco me había enterado de este tipo de cuenta hasta hacía poco. Demonios, ni siquiera empecé a utilizar mi cuenta de ahorros hasta el verano de 2012, cuando dejé Pantelion y conseguí un trabajo como especialista en contenidos en Netflix, lo que me situó de nuevo en un grupo salarial más alto al recibir un sueldo de setenta y cinco mil dólares al año.

Como ya había hecho mi auditoría financiera y puesto en práctica mejores hábitos monetarios, era súper consciente de que tenía que tomarme en serio este importante aumento de sueldo. Ya no iba a malgastarlo todo en zapatos o ropa. Empecé con una lista de prioridades corta y realizable, que incluía arreglar mi carro y mudarme con mi pareja, Alfonso. Por primera vez, no dejé que mis emociones dominaran mis decisiones. En lugar de eso, presupuesté ambos gastos para asegurarme de que estas prioridades no me pondrían en rojo, y luego seguí adelante con ellas.

Mientras averiguaba diligente y conscientemente cuáles

serían mis próximos pasos en este nuevo ámbito financiero que de repente se me había hecho accesible, me hice amiga de una inmigrante alemana bien *cool*, Nadine, que pronto se convirtió en mi mejor amiga en Netflix. Tenía más experiencia en operaciones cinematográficas que yo, así que se convirtió en una especie de guía que me ayudó a navegar por este nuevo lugar de trabajo y a dar sentido a la interminable lista de siglas; y me explicó los procesos preferidos de la empresa. También me habló abiertamente de sus finanzas y de cómo había establecido transferencias automáticas para aumentar su cuenta de ahorros. Mis oídos de persona con mentalidad financiera se agudizaron.

—Este mes, mi objetivo es ahorrar mil dólares —me dijo un día. Al ver que un rayo de interés iluminaba mi rostro, añadió—: ¡Hagámoslo juntas!

Respondí con un inmediato y rotundo:

—¡Sí!

Me intrigaba esta mujer que hablaba del dinero con facilidad con cualquiera que se le cruzara. No era un estigma en su cultura. En realidad, a ella le sorprendió bastante que en la tierra que mana leche y miel no habláramos abiertamente de la leche y la miel.

—Bueno, ¿cuánto quieres ahorrar? —me preguntó, instándome a fijar mi primer objetivo financiero a largo plazo.

—Diez mil dólares —le respondí con timidez, sintiendo que era un objetivo elevado para mí. Nunca había visto ni siquiera mil dólares en mi cuenta en toda mi vida, así que imaginarme diez mil dólares me parecía una cumbre audaz e insuperable.

Al notar mi reacción, añadió:

—Tienes que imaginarte la cantidad como si no fuera gran cosa.

Para mí era una gran cosa, pero entendí su consejo. Tenía

que hacer de cuenta que era menos abrumador, casi como si emprendiéramos una racha de comer sano. Para que se sintiera como una meta alcanzable, dividimos los diez mil dólares en objetivos mensuales más pequeños, que eran más prácticos y accesibles a nivel mental. También recordé un consejo crucial que me había dado mi prima Juanita antes de mi auditoría financiera: «Busca siempre los bancos que te paguen las tasas de interés más altas».

El dinero pierde su valor cada año debido a la **inflación**. Los precios de los bienes suben, por lo que hace falta más dinero para comprar esas tortillas y papas para tus tacos de papa. Por lo tanto, el dólar pierde valor con el tiempo. Las tasas de interés nos ayudan a mantener bajo control el valor de nuestro dinero, por eso importa dónde lo guardamos. Diferentes bancos y cuentas ofrecen diferentes **rendimientos porcentuales anuales** (**APY**, por sus siglas en inglés), que son el tipo de rendimiento real que se obtiene de una inversión. En otras palabras, es el rendimiento del dinero que depositas en un año determinado. Un buen APY te ayuda a conservar parte del valor de tu dinero que se pierde con la inflación. Ahora bien, ten esto en cuenta: cuando procuramos poner dinero en nuestras cuentas de ahorro, nuestros dólares y centavos no permanecen en cajas en algún lugar del banco con nuestros nombres escritos a los lados: el banco se los gasta. Sí, has leído bien. Los bancos prestan nuestros ahorros a otro cliente en forma de hipoteca o préstamo. Además, los bancos prestan ese dinero a una tasa de interés más alta o invierten nuestro dinero en el mercado de valores para obtener un mayor rendimiento para ellos. En otras palabras, ganan dinero con nuestro dinero porque necesitan hacer lo que sea para mantener el valor de la moneda. Es el coste oculto del servicio de almacenar nuestro dinero. Con un mísero APY medio nacional del 0,07 % para las cuentas de ahorro normales en el momento en que se escribió este libro, estás lejos de recibir una compensación adecuada por el uso que hacen de tu dinero.

Una cuenta de ahorro de alto rendimiento es el primer paso que puedes dar para empezar a cambiar este desequilibrio a tu favor, aunque sea de forma ligera. Supongamos que tienes $5000 dólares en una cuenta de ahorro normal que paga un APY del 0,10 %. Obtendrías un rendimiento de $5 en el transcurso de un año. Ahora bien, si esos mismos $5000 estuvieran en una cuenta de ahorro de alto rendimiento que pagara un 2 % de interés, acabarías el año con $100 más en tu cuenta. ¡Estamos hablando de una diferencia de $95 a tu favor! Algunas cuentas de ahorro de alto rendimiento ofrecen un APY hasta veinte veces superior a las cuentas de ahorro normales. Estas cuentas suelen estar solo en línea, por lo que, al no tener que pagar alquiler ni servicios ni cajeros, ellos pueden compartir estos ahorros con una tasa de interés más alta. Pero si no estás dispuesta a entregar tu dinero a Internet, algunos bancos que ofrecen cuentas de ahorro de alto rendimiento tienen ahora oficinas físicas.

Como todo lo importante, elegir la cuenta adecuada requerirá de investigación. Esta es tu oportunidad de empezar a fortalecer tu músculo de conocimientos financieros mediante la investigación y la adopción de medidas que se ajusten a tus necesidades. No todas las cuentas de ahorro de alto rendimiento son iguales; algunas tienen contrapartidas, como tarifas por ventajas como un APY más elevado o exención de tarifas en cajeros automáticos. Una vez que te decides por una cuenta, es muy fácil abrirla. Puedes empezar con una búsqueda en Google de bancos que ofrezcan cuentas de ahorro de alto rendimiento

TÁCTICAS DE GUERRERA DE LA RIQUEZA: EL INTERÉS SIMPLE VERSUS EL INTERÉS COMPUESTO

Supongamos que depositas $5000 en una cuenta de ahorro de alto rendimiento con una tasa de **interés simple** del 2 %. El interés simple es el dinero que ganas de la cantidad **principal** inicial prestada o depositada –en este caso, esos $5000–. Entonces, acabarías con $5100 al final del año, y al año siguiente ganarías otros $100 de esos $5000 iniciales, y así sucesivamente, como me enseñó mi prima. Este tipo de interés suele aplicarse al dinero prestado para una hipoteca o un préstamo de carro, y a los depósitos en cuentas bancarias.

Aquí es donde se pone interesante. El **interés compuesto** es la cantidad que ganas tanto por la cantidad principal que depositas como por los intereses acumulados. Supongamos que depositas $5000 y acumulas $100 de interés al cabo de un año. Con el interés compuesto, ambas cantidades acumularán una tasa de interés del 2 % al año siguiente. Esto sigue acumulándose año tras año. Con el interés compuesto, ganarías $5520,20 en diez años con tu inversión inicial, frente a solo $1000 con el interés simple. Las cuentas de interés compuesto suelen corresponder a cuentas individuales de jubilación (IRA, por sus siglas en inglés) y cuentas de ahorro. Este es el tipo de cuenta que estás buscando.

o dar un paso más y buscar bancos gestionados por personas de color o latinas, escribiendo palabras clave como *POC-owned banks* (bancos con dueños de comunidades de color) o *Latine-owned banks* (bancos con dueños latines). Cuando llegues al sitio web de un banco, utiliza esta lista de ofertas y estipulaciones habituales para evaluar si se ajusta a tus necesidades:

√ *Asegurado por la FDIC:* La Corporación Federal de Seguro de Depósitos (FDIC, por sus siglas en inglés) es un organismo federal independiente que salvaguarda tus depósitos en caso de que tu banco quiebre debido a una recesión económica. La cantidad máxima asegurable estándar para una cuenta asegurada por la FDIC es de $250 000. Esto significa que, si algo le ocurre al banco, estarán protegidos hasta $250 000 de tu dinero. Tener tu cuenta asegurada por la FDIC es tu mayor red de seguridad y es muy recomendable al abrir una cuenta.

√ *APY:* Este ya lo mencionamos, pero para repasar, el porcentaje de rendimiento anual (APY, por sus siglas en inglés) de una cuenta es el rendimiento del dinero que depositas en un año determinado. Puedes acortar tu lista de cuentas al elegir bancos de confianza, asegurados por la FDIC, que ofrezcan los APY más altos. Los APY cambian todo el tiempo, así que asegúrate de encontrar la información más actualizada de cada banco y compruébala regularmente una vez que hayas elegido una cuenta.

√ *Tarifas:* ¡Lee siempre la letra pequeña! Algunas cuentas pueden tener tarifas por sobregiros u otras tarifas ocultas. Que te cobren una tarifa de cien dólares justo antes del día de pago no forma parte de nuestro camino de guerrera de la riqueza. Infórmate bien: hay muchas cuentas de ahorro de alto rendimiento en instituciones acreditadas que no te cobrarán tarifas mensuales.

√ *Saldo mínimo:* Algunos bancos te exigen tener un saldo mínimo en tu cuenta para evitar tarifas; otros no. Si puedes, opta por lo segundo.

√ *Requisitos de depósito:* Al abrir una cuenta, algunos bancos exigen un depósito mínimo, normalmente de $25 a $100, pero otros no. Es importante que sepas lo que se te pide por si esto es un factor decisivo.

√ *Transferencias y depósitos:* Asegúrate de que puedas vincular tu cuenta de ahorro de alto rendimiento a tu cuenta corriente personal y a tu cuenta de corretaje para que puedas transferir dinero con facilidad entre tus cuentas.

√ *Tarjeta de cajero automático:* Las cuentas de ahorro de alto rendimiento suelen solo permitir seis transacciones y retiradas en cajeros al mes. Otras permiten retiradas ilimitadas a través de cajeros automáticos o en un banco con su tarjeta de débito. Es buena la opción de tener una tarjeta de cajero automático si crees que te puede ser útil, pero no te lo aconsejo necesariamente. Tener una tarjeta de cajero automático significa que tendrás fácil acceso a tu cuenta de ahorros, lo que puede hacer que las retiradas sean mucho más tentadoras. Así que, si te gusta gastar, aléjate de la tarjeta.

√ *Aplicaciones intuitivas y servicio de atención al cliente:* Este no es un punto decisivo, pero si puedes encontrar una cuenta que también ofrezca una aplicación fácil de usar, te facilitará la vida a la hora de hacer transferencias o depósitos mediante teléfono móvil, sobre todo si eliges un banco que solo está en línea. Nota: aunque no puedas acudir a un establecimiento físico en el caso de los bancos exclusivamente en línea, muchos ofrecen servicio de atención al cliente las veinticuatro horas del día, siete días a la semana, por teléfono o chat, así que asegúrate de buscar estas opciones.

Si no estás segura de cómo elegir la cuenta adecuada para ti, considera la posibilidad de utilizar recursos conocidos como NerdWallet o Investopedia, que ofrecen una comparación pormenorizada de diferentes cuentas. Así te resultará más fácil decidir si estás de acuerdo con un saldo mínimo para obtener un APY más alto. O para determinar cuáles son las mejores cuentas para ayudarte a evitar las tarifas, si sabes que es ahí donde tiendes a tropezar. Sean cuales sean tus parámetros, una vez que hayas elegido tu cuenta de ahorro de alto rendimiento preferida, ten a mano la lista de las mejores. De este modo, podrás entrar y salir de las cuentas para sacar el máximo partido a tu dinero, sobre todo cuando empieces a sentirte cómoda y veas cómo crecen tus ahorros.

En Netflix, ganaba el triple que en mi trabajo anterior y mis gastos generales seguían siendo más o menos los mismos, por lo que conseguí ahorrar lo suficiente para llegar a los diez mil dólares alrededor de un año después de abrir mi cuenta de ahorro de alto rendimiento. No podía contener mi orgullo y mi emoción. Nunca en mi vida había tenido tanto dinero. Pero eso también abrió la puerta a un lado restrictivo de mí que no había vivido antes. Había trabajado tanto para controlar mi relación con el dinero que ahora que estaba recibiendo y acumulando dinero de verdad, no quería despilfarrarlo. De repente, me obsesioné con mantener el saldo de mi cuenta de ahorros en no menos de $10 000. Ni siquiera soportaba verlo en $9999. Entonces, un día, mientras me ponía al día con Nadine, ella me dijo:

TÁCTICAS DE GUERRERA DE LA RIQUEZA: TENER MÁS DE UNA CUENTA DE AHORRO DE ALTO RENDIMIENTO

Como las tasas de interés fluctúan con regularidad, mantengo dos cuentas de ahorro de alto rendimiento y una cuenta en una cooperativa de ahorro y crédito. Eso parece mucho, pero me empodera tomarles el pulso a las tasas cada seis meses aproximadamente y transferir mi dinero a la que pague el interés más alto en su momento. Este ejercicio te servirá de base cuando empieces a sumergirte en el mercado de valores, porque te ayudará a desarrollar tu confianza a la hora de mover el dinero y tomar decisiones tácticas. Por supuesto, ahora solo estamos empezando a investigar y a abrir una cuenta, pero no hay nada más fortalecedor en el mundo financiero que aprender a gestionar tu dinero y a adueñarte de él.

—¿Adivina qué? ¡Me voy de vacaciones a un centro turístico con todo incluido en México! Es súper bonito y de alta gama, ¡no veo la hora de estar allá!

—¿En serio? —exclamé, mirándola con incredulidad—. ¿Pero qué pasa con nuestros objetivos de ahorro? ¿Cómo que te vas de vacaciones? —Estaba muy confundida.

Hasta entonces, aunque ella tenía más dinero que yo, las dos íbamos de compras a Santee Alley, el famoso mercado de pulgas de Los Ángeles. Ella no derrochaba en marcas ni artículos caros. Oírle decir que había reservado una estadía en un centro turístico de lujo fue como vivir un pequeño terremoto en mi mundo financiero. Sin embargo, mientras luchaba para comprender su decisión, mi conmoción se convirtió en un sentimiento de empoderamiento. Fue como si se hubiera levantado un velo: me di cuenta de que estaba ante una mujer hecha y derecha que tenía las cosas claras. Su ejemplo me daba permiso para relajarme tantito y permitir divertirme un poco en el camino.

Luego de una larga pausa, recapitulé y dije:

—¿Sabes qué? Yo también quiero hacerlo. —Pero no sabía cómo. Después de trabajar tan duro para controlar mis problemas financieros y por fin empezar a acumular dinero de verdad, no me atrevía a gastarlo. Mi mente se tambaleaba pensando que podía estar a solo unas vacaciones de perderlo todo, no solo el dinero, sino también mi trabajo. Una y otra vez, repasaba los peores casos en los que podría tener que utilizar mis ahorros para emergencias imaginarias, y eso me hizo pasar de gastar dinero sin pensar dos veces a atesorarlo con muchísimo cuidado. Sin embargo, este tipo de pensamiento puede conducir a una vida de miedo arraigado y privaciones autoimpuestas.

—Tienes que dejar de ser tan restrictiva, Linda —me dijo mi amiga, tocándome el hombro y mirándome fijo a los ojos después de que expresara abiertamente mi deseo de seguir sus pasos—. No puedes ahorrar todo ese dinero solo para emergencias. También te mereces darte un gustito y recompensarte por alcanzar tus metas —añadió, impartiendo con calma otra pepita de oro de su sabiduría.

Me pasé la semana siguiente buscando en Internet hoteles baratos con todo incluido y vuelos que se ajustaran a mi presupuesto. Y encontré una oferta increíble por $1400 que incluía los vuelos. Como mi compañero de viaje, Alfonso, pagaría su mitad, salió tan solo a $700 por persona. Nota: no estoy abogando por gastar todos tus ahorros en unas vacaciones de lujo. Hice números y eso era menos del 1 % de mis ahorros, una cantidad que sabía que podría recuperar en un par de meses como máximo, así que reservé la estadía.

Al día siguiente, cuando me encontré con mi amiga en la oficina, le solté:

—¡Yo también me voy de vacaciones!

Ella sonrió ampliamente y se apresuró a celebrar este momento conmigo, mostrándome también, sin saberlo, lo maravilloso que es cuando nos unimos para animarnos mutuamente. Al animarme a tomar una pequeña tajada de mis ahorros para recompensarme por alcanzar este hito, mi amiga me enseñó a pagarme a mí misma primero y permitirme vivir una experiencia enriquecedora y relajante, lo que a su vez me enseñó a soltar dinero y dejar espacio para que entre más. Con el tiempo, a medida que me iba cayendo el veinte, me di cuenta de que la forma en que veía mi fondo de emergencia necesitaba una profunda renovación. Con cada emergencia, siempre hay una posibilidad de crecimiento. Es más, ese dinero que ahorramos con tanta diligencia no tiene por qué ser únicamente para los momentos de mierda de nuestras vidas.

Tenemos que dejar de pensar en las catástrofes que aún no han ocurrido. Al prender esta lamparita y guardar dinero en esta cuenta no solo para lo malo, sino también para lo bueno, la saturamos de mejor energía. Pagarte a ti misma primero significa hacer el curso que mejorará tus habilidades, apuntarte a esa cumbre que podría llevarte a increíbles oportunidades de establecer contactos, comprar ese libro que te inspirará para avanzar hacia tus sueños. Cualquier cosa que aumente tus conocimientos es una inversión en ti misma que probablemente te ayudará a corregir tu mentalidad de escasez y a catapultar tu crecimiento personal. Por eso hoy en día prefiero llamar fondo de oportunidades a lo que durante mucho tiempo hemos llamado fondo de emergencia. Nos da la oportunidad de hacer crecer nuestros ahorros, de salvarnos el pellejo en caso de una emergencia y de disfrutar de la vida e invertir en nuestro camino para generar dinero.

2. Consigue un contador público

Toda guerrera necesita un operador táctico sólido que posea los conocimientos y la formación necesarios para llevar a cabo tareas de inteligencia y contraespionaje que nos preparen para cualquier resultado, de modo que podamos triunfar en el campo de batalla. En el mundo financiero, este operador táctico se llama **contador público** (**CPA,** por sus siglas en inglés), un aliado generador de riqueza que nos ayudará a poner en orden nuestros impuestos sobre ingresos para que podamos seguir haciendo crecer nuestro dinero con éxito. Mira, estoy a favor de los proyectos de bricolaje, pero cuando se trata de impuestos, conseguir un buen contador debería ser lo primero en tu lista. Al fin y al cabo, los impuestos sobre ingresos son uno de los mayores pasivos (junto con los préstamos para carros, las hipotecas y las deudas de tarjetas de crédito, por nombrar algunos) en los que incurrimos anualmente. Tu contador está ahí para evaluar el estado actual de tus impuestos y enseñarte estrategias fiscales que quizá no conozcas. En última instancia, un buen contador no solo te ahorrará dinero, también sabrá cómo crearlo basándose en tu situación actual.

Cuando empecé a trabajar en Pantelion, la temporada de la declaración de impuestos era como Navidad. Mis compañeros estaban entusiasmados, haciendo planes sobre lo que harían cuando recibieran la devolución de la declaración de impuestos de ese año. Yo, en cambio, temía la fecha límite del 15 de abril.

—No sé cómo lo haces —le dije a una colega, estupefacta—. Gano tan poco dinero y aún debo impuestos a final del año. —Así funcionaba yo desde que empecé a declarar mis impuestos: para mí era normal. Supuse que era mi suerte y que así funcionaba el sistema.

Mi jefe oyó nuestra conversación y enseguida intervino:

—No, Linda, me parece que no tienes un buen contador.

En la década que había pasado trabajando y pagando impuestos sobre ingresos, eso nunca se me había pasado por la cabeza. Pensaba que todos los contadores seguían la misma lista de reglas y fórmulas y que, por tanto, llegarían a las mismas cifras finales, hasta que conocí a mi contador, Andy, un mexicano estadounidense educado en Harvard que decidió ofrecer su alto nivel de experiencia y servicio a la gente latina y de color, así como a nuestras comunidades de inmigrantes.

En nuestra primera reunión, Andy me explicó cómo funcionan las declaraciones de impuestos. Y luego soltó una bomba que yo repito al principio de cada temporada de declaración de impuestos: «Ten cuidado de no emocionarte demasiado con tu reintegro del impuesto sobre ingresos; mucha gente ni se da cuenta de que la mayoría de ese dinero ya era de ellos». El Gobierno no nos da dinero gratis; ese dinero siempre fue nuestro; simplemente lo retiene como pago anticipado. A veces pagamos más impuestos de los que debemos a lo largo del año —este es un cálculo al que llegará tu contador después de calcular tus impuestos sobre ingresos basándose en una serie de factores como tu tasa impositiva, las personas a tu cargo y tus circunstancias laborales— y recibimos un reintegro del dinero que pagamos por adelantado. Yo no tenía ni idea de cómo funcionaba hasta que Andy me lo explicó para que entendiera por qué me hacía preguntas tan concretas sobre mis hábitos cotidianos. Buscaba dinero en forma de deducciones o créditos en cada rincón de mi vida. Hizo una investigación profunda y examinó cada paso financiero que tomaba, incluidas las compras grandes y pequeñas y hasta las aportaciones más exiguas a mi fondo de oportunidades.

Aunque Andy me estaba ahorrando dinero, mis arraigados sentimientos de vergüenza y mi mentalidad de «pobrecita yo» amenazaban con salir a la superficie con cada pregunta que me planteaba... y entonces me enfadé. No con Andy, sino con mi anterior asesor fiscal. ¿Cómo había podido perder tantas oportunidades de ayudarme a ahorrar el dinero que tanto me había costado ganar? Hasta ese momento, me habían hecho creer que el Gobierno nos tenía en la mira, que la temporada de la declaración de impuestos era un fracaso para todos y que mi asesor fiscal estaba totalmente sometido a las autoridades. Lejos de ser escatimoso, Andy me ayudó a ver que había leyes que podían ayudarme a ganar (o, en este caso, conservar) más dinero. Me empoderó explicándome que estaba ejerciendo mis derechos como contribuyente, basándome en las leyes vigentes del impuesto sobre ingresos, para reclamar las deducciones y los créditos que me correspondían. Lo contraté esa misma tarde y seguimos trabajando juntos hasta el día de hoy. Juanita me dio las herramientas que necesitaba para embarcarme en mi camino para generar dinero y Andy hizo la misión de reconocimiento para que yo pudiera prepararme para librar las batallas que me esperaban. Empezó a compartir su sabiduría financiera conmigo desde el primer día, cuando yo aún estaba en Pantelion, y luego me guio durante mis años más lucrativos en Netflix. Y desempeñó un papel decisivo en la creación de mi empresa. Su educación y su perspectiva han tenido y seguirán teniendo un impacto duradero en mi camino para generar riqueza.

Detrás de cada persona exitosa es muy probable que haya un gran contador público. Pide recomendaciones a tus amigos; identifica a las personas que conoces que tienen dinero y lo gestionan bien, y pídeles recomendaciones. Cuando entrevistes a un contador, recuerda que el hecho de que tenga una certificación y experiencia no significa que no pueda tener también heridas monetarias. En retrospectiva, veo claramente que mi anterior asesor fiscal tenía miedo a deducir ciertos gastos que ahora sé que me correspondían cuando trabajaba solo a comisión. Ese tipo de trabajo nos da derecho a una plétora de créditos, deducciones y gastos, pero recuerdo que mi asesor fiscal no quería deducirlos. Esto es una señal de alarma. Si tienes el tipo de trabajo que requiere gastos de bolsillo, pregunta por adelantado a tu posible contador cómo te lo gestionaría o qué te recomendaría. Si pides consejo y no te dan nada a cambio, quizá debas entrevistar a otra persona. Si no te hacen preguntas sobre a qué te dedicas, no te sugieren cómo gestionar mejor tus objetivos financieros actuales y futuros, o no te orientan teniendo

impuestos. Esta es la realidad para muchos, pero en última instancia, la cantidad que te ahorras por no contratar a un contador público no se puede comparar con la cantidad que te ahorras al aprovechar las estrategias cruciales de ahorro fiscal de tu contador público que te conciernen como individuo. Podrán ayudarte a navegar por esos grandes momentos de la vida, como tener un hijo o recibir una herencia, de la forma más fluida posible. Y su experiencia les permite basarse fácilmente en casos similares de otros clientes y utilizar esas valoraciones a tu favor.

√ *Asesoramiento táctico sobre cómo armar tu empresa:* Cuando amplié mi pódcast de espiritualidad —que empecé en 2016 para documentar mi viaje personal de autosanación con la esperanza de animar a otros a hacer lo mismo— y lo convertí en un negocio de producción de eventos, no tenía muchos ingresos. Como cualquier nueva empresa, iba a necesitar tiempo, dedicación y los conocimientos de guerrera de la riqueza para florecer de verdad. En ese momento, necesitaba recursos para mi pequeña empresa. Mi contador me recomendó que empezara con un DBA (*doing business as*, es decir, comerciar bajo un nombre ficticio), que me permitiría hacer negocios con un nombre distinto al mío, y a medida que el negocio ha ido creciendo, hemos reevaluado nuestras tácticas para ampliar mi organización de modo que pueda satisfacer mis necesidades, protegerme y ahorrar todo lo posible en impuestos. Si tienes varias fuentes de ingresos o una empresa que necesita establecerse o está en proceso de ampliación o crecimiento, un contador será tu mano derecha. Necesitamos que tú, como miembro de la familia y de la comunidad, modeles lo que es posible cuando se tiene un buen contador que preserve y proteja nuestros ingresos para que podamos pasar a multiplicarlos.

√ *Planificación patrimonial:* Como si todos los beneficios mencionados no fueran suficientes, los contadores públicos también pueden ayudarte a hacer un plan para tu dinero para después de que fallezcas. Por más difícil que sea pensar en eso, también es un componente clave para crear riqueza generacional. Mi contador me ha estado asesorando sobre cómo establecer el mejor plan para mis hijos cuando yo ya no esté aquí, como crear un fideicomiso en vida.

Recuerda: tu tiempo es dinero. Los estudios demuestran que los contribuyentes que declaran por cuenta propia dedican un promedio de 8,8 horas a declarar sus impuestos. Eso es una jornada laboral completa durante la cual, en realidad, estás perdiendo dinero porque dedicas tu tiempo a tus impuestos en lugar de dedicarlo a tu trabajo o negocio. Aunque contratar a un contador público puede costar dinero por adelantado, también ahorrarás tiempo a largo plazo, por no mencionar que recibirás conocimientos inestimables a lo largo de la relación, así que apóyate en eso. Sea como sea, encuentra a alguien que tenga en cuenta tus intereses y esté en tu equipo, para que tú también puedas empezar a ahorrar dinero y utilizarlo para crear más riqueza.

3. Abre una cuenta Roth IRA

Una guerrera de la riqueza no puede seguir luchando sin cesar. Llegará un momento en que tendremos que colgar las armas y dedicarnos simplemente a cuidar el abundante jardín que tanto nos ha costado crear. Por eso es importante empezar a pensar hoy en nuestro futuro. En 2019, cuando mi negocio empezó a generar unos ingresos más sólidos, mi contador público me sugirió que considerara la posibilidad de invertir en una cuenta individual de retiro conocida en inglés como **Roth IRA**. (Nota: si tienes una 401(k) a través de tu empresa, también puedes invertir en una Roth IRA si cumples con los requisitos. También puedes contribuir a una Roth 401(k) si tu empresa tiene una cuenta de jubilación calificada. No son mutuamente excluyentes, así que sigue leyendo). Ya había oído hablar de las cuentas individuales de retiro, y sabía que eran cuentas que podía abrir yo sola aparte de los beneficios laborales que recibía, pero no les había prestado mucha atención porque me aferraba tanto a mi dinero que no podía imaginarme ahorrar nada en un futuro lejano. Sin embargo, cuando mi contador evaluó mi falta de ahorros para la jubilación, me dijo que abrir una cuenta Roth IRA no solo sería una forma de ayudarme a llegar a una jubilación cómoda, sino que me beneficiaría ahora en forma de posibles exenciones tributarias. ¡Ojalá lo hubiera sabido antes! (Nota: comparto contigo estos conocimientos para abrir tu mente a las posibilidades de inversión a tu alcance a través de este tipo específico de cuenta. Como siempre, haz tu debida diligencia.

Si quieres saber más sobre la cuenta Roth o cualquier otro tipo de cuenta de jubilación, habla con tu contador público).

Una Roth IRA es una cuenta individual de retiro que te permite aportar ingresos después de impuestos y dejar que crezcan libres de impuestos. El APY dependerá de tus aportaciones, así como de las opciones de inversión, como fondos de inversión, acciones, bonos, etc., así que asegúrate de hablar con tu contador para obtener más información sobre este tipo de cuenta y averiguar dónde quieres invertir este dinero. Después de cumplir cincuenta y nueve años y medio, se nos permite retirar nuestro dinero libre de impuestos y penalizaciones, siempre y cuando la cuenta haya estado abierta al menos cinco años. Si no necesitas echar mano de tu Roth IRA a los cincuenta y nueve años y medio, puedes seguir manteniéndola abierta hasta que estés preparada para retirar fondos. Además, si falleces, tus hijos y/o beneficiarios recibirán tu Roth IRA como herencia libre de impuestos. En otras palabras, también podrán retirar ese dinero libre de impuestos.

Aquí está el truco: solo puedes abrir una Roth IRA si ganas menos de cierta cantidad al año —actualmente, el límite de ingresos anuales es de $144 000 si declaras tus impuestos como persona soltera y $214 000 si estás casado y declaran juntos (consulta con tu contador, ya que el límite de ingresos está sujeto a cambios anuales y varía en función de tu estado civil actual). Si tienes menos de cincuenta años y tus ingresos están por debajo del límite que te corresponde, entonces puedes aportar un máximo de $6500 antes del siguiente plazo de declaración del impuesto sobre ingresos, y $7500 si tienes más de cincuenta años (de nuevo, consulta con tu contador, ya que estas cifras están sujetas a cambios).

Como se ha mencionado antes, invertir en una Roth IRA no reducirá tu ingreso imponible, que es el dinero que recibes a cambio de tu trabajo: el beneficio fiscal vendrá cuando retires este dinero. Esta fue una de las principales razones por las que empecé a invertir en mi Roth IRA en 2019. No solo estoy ahorrando y preservando mi dinero para el futuro, sino que también estoy poniendo mi dinero a trabajar para mí. De nuevo, consulta con tu contador; no será el caso de todos, pero es una posibilidad.

Como yo no tenía una cuenta de retiro, Andy me sugirió que abriera una **IRA tradicional** junto con mi Roth IRA. Una IRA tradicional tiene los mismos límites de aportación que una Roth IRA, sin embargo, una IRA tradicional te ayuda a reducir tu ingreso imponible y, por tanto, el impuesto sobre ingresos que debes se reduce por tus aportaciones antes de impuestos. Por eso la IRA tradicional se considera una cuenta individual de retiro con impuestos diferidos. En otras palabras, tu dinero crece sin pagar impuestos y los impuestos sobre ingresos se pagan con la tasa impositiva que tengas en el momento de la retirada solo cuando el dinero se distribuye o se retira. Si tienes cincuenta y nueve años y medio o más, tu distribución y/o retirada no estará sujeta a penalizaciones. Sin embargo, si eres menor de cincuenta y nueve años y medio, tu distribución y/o retirada estará sujeta a penalizaciones por retirada anticipada. A diferencia de la Roth IRA, en la que puedes guardar y hacer crecer tu dinero todo el tiempo que quieras, en una IRA tradicional existe una distribución mínima obligatoria a partir de los setenta y tres años.

Por último, pero no por ello menos importante, tanto la Roth IRA como la IRA tradicional tienen intereses compuestos (la cantidad que ganas tanto por la cantidad principal que depositas en tu IRA como por los intereses acumulados). Los intereses que ganes en estas dos cuentas no cuentan como ingresos, a menos que hagas una retirada anticipada; por lo tanto, no tributan. Dicho esto, aunque otras cuentas de inversión puedan tener implicaciones fiscales diferentes, eso nunca debería impedirnos invertir. Temerles a los impuestos sobre ingresos está directamente relacionado con nuestra mentalidad de escasez; impide la expansión que merecemos. Recuerda: la intención a lo largo de nuestro camino para generar dinero es preservar nuestro capital y hacerlo crecer.

4. Invierte en una cuenta de ahorro para gastos médicos

Otra inversión generadora de riqueza que puedes considerar es una **cuenta de ahorros para gastos médicos** (health savings account, o **HSA** por sus siglas en inglés), que actúa como una cuenta de ahorros normal y como una cuenta de inversión. Su propósito es pagar deducibles médicos cualificados, copagos, coaseguros y primas y servicios cualificados de seguros de salud a largo plazo, así como otros gastos médicos, que incluyen artículos aprobados —como medicamentos para la tos y el resfriado, productos esenciales para el cuidado del bebé o algunos productos para el cuidado de la piel con SPF— que puedes comprar en tu farmacia local o en tiendas HSA en línea.

Para cumplir con los requisitos de una HSA, debes estar inscrito en un plan de salud con deducible alto. Al igual que ocurre con la IRA tradicional, las aportaciones antes de impuestos pueden reducir tus impuestos sobre ingresos, ya que puedes deducir tus aportaciones a la HSA de tu impuesto federal sobre ingresos.

TÁCTICAS DE GUERRERA DE LA RIQUEZA: LA *BACKDOOR* ROTH IRA

Si tus ingresos superan el umbral del límite de ingresos de la Roth IRA, quizá le quieras preguntar a tu contador si es el momento adecuado para convertir tu IRA tradicional en una Roth IRA (consulta con tu contador, ya que el límite de ingresos cambiará, junto con las estrategias para tus impuestos sobre ingresos). La estrategia de la *backdoor* Roth IRA (por la puerta de atrás) es una estrategia fiscal legal para eludir los umbrales del límite de ingresos que suelen impedir que las personas con ingresos elevados contribuyan a las Roth IRA. Ten en cuenta que pagarás impuestos sobre los fondos que no hayan tributado previamente. La ventaja es que todo lo que ganes después dentro de tu nueva Roth IRA estará libre de impuestos, con todas las ventajas ya mencionadas. Esta estrategia es mejor si tienes un año sabático o un año normal con muchos menos ingresos, porque es una forma excepcional de reducir tu futura obligación tributaria. Como siempre, lo primero y más importante es que consultes a tu contador antes de tomar cualquiera de estos pasos financieros.

Las ganancias en esta cuenta crecen libres de impuestos y las distribuciones utilizadas para pagar gastos médicos cualificados también están libres de impuestos.

A diferencia de las aportaciones a una cuenta de gastos flexible (Flexible Spending Account, o FSA, por sus siglas en inglés), que tienes que utilizar en el plazo de un año o las pierdes, el dinero no gastado de tu HSA pasa al año siguiente.

Los retiros para gastos no médicos están permitidos antes de los sesenta y cinco años, pero están sujetos a una penalización más el impuesto sobre ingresos. Los retiros para gastos no médicos después de los sesenta y cinco años solo están sujetos a tu tasa actual del impuesto sobre ingresos. Al igual que las IRA tradicionales y Roth, esta cuenta también tiene un límite de aportación anual, que, en este momento, para un individuo es de $3850, y de $7750 para una pareja casada que presente una declaración conjunta (de nuevo, consulta con tu contador, ya que estos límites fluctuarán).

Me da tranquilidad saber que, si tengo una emergencia médica grave que mi seguro médico no cubre por completo, puedo recurrir a mi HSA para pagar ese gasto médico. Al igual que las IRA, este tipo de cuenta tiene implicaciones fiscales, así como leyes que cambian constantemente, por lo que te suplico que busques ayuda profesional antes de tomar cualquiera de estos pasos para asegurarte de que son los más adecuados para ti y tus necesidades financieras.

5. El sector inmobiliario: es complicado, pero vale la pena

Los bienes inmuebles son la inversión que más se promociona en nuestras comunidades. La mayoría de la gente sueña con tener su propia casa; por eso los papás, los parientes, la sociedad, al parecer todo el mundo quiere que empecemos a invertir en bienes inmuebles en cuanto podamos. Mi mamá compró nuestra casa cuando tenía veintitantos años y, en cuanto llegué a

TÁCTICAS DE GUERRERA DE LA RIQUEZA: AÑADIR BENEFICIARIOS PARA CREAR RIQUEZA GENERACIONAL

Todas las cuentas que he mencionado hasta ahora (cuentas de ahorro de alto rendimiento, IRA y HSA) te permiten añadir un **beneficiario**, una persona o entidad que recibirá estas cuentas cuando fallezcas. Al establecer tus beneficiarios, estás sembrando la semilla de la salud financiera de la siguiente generación cuando tú ya no estés. Consulta a tus instituciones financieras y a tu contador público para saber más sobre las normas relativas a los beneficiarios de cada tipo de cuenta. Evitarás a tu familia enormes dolores de cabeza financieros y te asegurarás de que tus bienes vayan a los beneficiarios previstos.

la mayoría de edad, la tenía pegada insistiéndome en que me hiciera propietaria.

Cuando estaba a punto de cumplir cuarenta años, sin ninguna casa a mi nombre, sentía que mi mamá me consideraba un auténtico fracaso. Si ella pudo comprar una casa siendo una inmigrante que hablaba un inglés chapurreado y limpiaba casas, ¿cuál demonios era mi problema? Muchos de nosotros nos criamos oyendo que, una vez que compramos nuestra casa, hemos triunfado, porque la posibilidad de poseer una vivienda forma parte del sueño americano que se prometió a la mayoría de nuestros antepasados inmigrantes cuando llegaron a este país. La verdad es que el camino hacia la propiedad inmobiliaria es diferente para cada uno. Para algunos, como mi prima

Juanita, puede ocurrir antes en su vida. Para otros, como yo, puede que ocurra más tarde. Quizá algunos ni siquiera se lo planteen todavía, porque creen que no tienen los medios para alcanzar esa meta. Pero es posible y hay distintas formas de obtener el anticipo necesario para embarcarse en esta inversión generadora de riqueza. Muchos utilizan sus cuentas de ahorro (¡a estas alturas espero que las tuyas sean todas de alto rendimiento!) para ahorrar con diligencia para esta compra. Dependiendo de dónde vivas y del precio de los inmuebles en tu zona, esto puede llevar más o menos tiempo, por supuesto. Otros, como yo, lo hacen a su manera. En lugar de enfocarme en crear mi fondo de oportunidad para esta meta concreta, invertí en el mercado de valores y utilicé parte del dinero que obtuve en ganancias (dinero que el mercado me generó más allá de mi inversión inicial) a lo largo de siete años para pagar $120 000 de anticipo para mi primera casa en Dallas, Texas.

Quizá aún estés ahorrando para esta gran compra. Tal vez estoy hablándole a Noe de lluvia porque ya eres propietario de una vivienda. Pero ¿sabías que, aunque tu casa puede ser una poderosa inversión en lo que se refiere a riqueza generacional, también es uno de los mayores pasivos que puedes obtener, que a menudo te impulsa a un sistema de endeudamiento? Cuanto mayor es la hipoteca, mayor es el pasivo. No estoy aquí para disuadirte de comprar bienes inmuebles: sin duda, es una de las inversiones más comunes para generar riqueza, pero es importante que entiendas lo que significa para tus finanzas.

Dicho esto, la historia ha demostrado que nunca es mal momento para comprar una vivienda. Puede que algunos lean esto y piensen: «Un momentito, ¿y qué onda con la crisis del mercado inmobiliario en 2008?». Lo que provocó esa crisis fueron los terribles préstamos hipotecarios de alto riesgo que aumentaron con el tiempo y que concedieron las instituciones bancarias a personas a las que, para empezar, no deberían haber aprobado para esos préstamos. Poner nuestra firma para este tipo de préstamos fue nuestra decisión, y tenemos que asumir nuestra responsabilidad con respecto a este error. Eso es lo que ocurre con las inversiones: es nuestra responsabilidad actuar con la diligencia debida y comprender en qué nos estamos metiendo antes de lanzarnos. Entonces, ¿por qué nunca es mal momento para comprar una propiedad? Porque, al igual que tener un bebé, tampoco suele haber nunca un momento adecuado.

Siempre habrá algo con lo que tendremos que ceder en este tipo de inversión, ya sea una tasa de interés elevada o un mercado inmobiliario en auge. Pero históricamente, aunque el valor de una vivienda pueda fluctuar a corto plazo, una propiedad siempre se **revaloriza** (aumenta de valor) con el tiempo. Hoy en día, el rendimiento promedio a largo plazo de la inversión inmobiliaria es del 8,6 %. Eso es lo que la convierte en una poderosa forma de acumular riqueza. Una vez que pagues la hipoteca, esa casa se considerará un activo. También puedes obtener desgravaciones fiscales por la **devaluación** de la propiedad —es decir, cuando su valor disminuye— y una tasa hipotecaria baja puede ayudarte a apalancar fondos que puedes utilizar para otra inversión, como acciones o una nueva propiedad. Además, tu inmueble tiene un cierto valor porque tiene **patrimonio**; puedes calcular esto restando todos los préstamos para tu casa de su valor de mercado (es decir, el valor que tendría si estuviera a la venta en este momento). Además, nadie puede fabricar más tierra, así que cuando compramos un terreno, automáticamente estamos comprando algo que también se apreciará con el tiempo.

Ahora bien, si quieres convertir un bien inmueble en un activo creador de riqueza aún mayor, tiene que generarte dinero más allá de su incremento anual de valor. En otras palabras, una propiedad tiene un flujo de caja positivo cuando otra persona (un inquilino) te paga dinero por alquilarla. Si esos ingresos por alquiler cubren la hipoteca, los impuestos y cualquier otro gasto, y te dejan una ganancia, enhorabuena, tienes un activo padrísimo para crear riqueza. Es más, no podemos dejar el papel de casero solo en manos de los hombres blancos. Necesitamos mejores caseros que se preocupen por nuestras comunidades; por eso necesitamos que más comunidades latinas y de color participen no sólo como compradoras de primera vivienda, sino como inversores inmobiliarios.

Soy una orgullosa propietaria, pero sabiendo que esto es un pasivo y no un activo en mi cartera de inversiones en este momento, tengo la vista puesta en la compra de una propiedad de inversión, un lugar que pueda convertir en una empresa productora de ingresos, una poderosa fuente de ingresos que me permita dar trabajo a algunos de mis familiares para que el dinero pueda empezar a fluir hacia el resto de mi familia. Aquí es donde prospera la riqueza generacional, porque abre las puertas no solo a la propiedad, sino a empleos que pueden compartirse con nuestras familias y comunidades. Cada vez que encuentro una propiedad que creo que puede cumplir mis requisitos, se la llevo a mi contador para que analice el vecindario y haga números.

Convertirse en propietario de una vivienda es muy grato. Convertirse en propietario inversor multiplica el dinero. Ambas son metas válidas, siempre y cuando comprendas cómo actúa cada una de ellas en tu cartera de inversiones de activos. Al final, el mejor logro de todos es el conocimiento.

6. El mejor jugador del equipo: el mercado de valores

Tengo cuentas de ahorro de alto rendimiento, un contador público fantástico, una IRA tradicional y una Roth IRA, y una HSA. También soy propietaria de una vivienda y estoy trabajando en la compra de mi primera propiedad de inversión. Pero si me preguntaras cuál es mi inversión generadora de riqueza más valiosa, te diría, sin dudarlo: el mercado de valores. Es la única forma de obtener y construir un activo inmediatamente, frente al largo proceso de ahorrar dinero o comprar una propiedad. No se necesitan mínimos para empezar, no es necesario comprobar el crédito ni el historial laboral, no hay casillas que marcar ni obstáculos que superar. Todo lo que necesitas para abrir una cuenta de corretaje y participar en este potencial de crecimiento exponencial de tus ingresos es un número de seguro social o un número de identificación individual del contribuyente (ITIN, por sus siglas en inglés). Una **cuenta de corretaje** es una cuenta de inversión que te da acceso al mercado de valores para que puedas comprar y vender acciones, así como otras inversiones. Algunos bancos ofrecen cuentas de corretaje, pero también hay empresas que se dedican exclusivamente a este tipo de cuentas. Necesitarás una cuenta de corretaje para iniciar tu camino de inversión y generar riqueza. Hay una explicación clara de cómo abrir tu cuenta de corretaje en el Paso 4; por ahora, solo quiero que te familiarices con este término y su significado.

Cuando abres una cuenta de corretaje, puedes comprar acciones en cuanto se haya hecho efectivo tu depósito inicial (lo que suele tardar unos días laborales) y tener automáticamente un activo en tu posesión. No necesitarás un pago inicial, no tendrás que pasar por un complicado proceso de solicitud en el que renuncias a tu vida, y la solicitud no puede ser rechazada por el color de tu piel o tu apellido. Nadie puede impedirte que compres acciones si tienes un número de seguro social o un ITIN y unos cuantos billetes de sobra. Una cuenta de ahorro de alto rendimiento o tu IRA pueden hacer que tu dinero trabaje para ti y ponerte en el camino hacia objetivos a largo plazo, pero no te harán ganar dinero de verdad, del tipo que puede cambiar tu vida y ayudarte a construir una riqueza generacional significativa. Son los pasos más seguros que puedes dar para empezar a cambiar tu mentalidad sobre el dinero. Pero ese es solo el puntapié inicial para cambiar tu perspectiva sobre la riqueza; es tu campo de entrenamiento. Ahora estamos a punto de entrar en el campo de batalla que al final te conducirá al abundante jardín financiero que tú y tu familia merecen. Ha llegado el momento de equiparte, armarte de valor y ocupar un espacio que te corresponde por derecho. Estás lista para dar el siguiente paso. Prepárate para recibir un arsenal de conocimientos, guerrera de la riqueza: tu camino bursátil comienza ahora.

PASO 3

CONQUISTA EL IDIOMA DEL MERCADO DE VALORES

> Hay que hacer dinero, primero lo primero y luego vemos.
> Esta es la vida que nos merecemos, no se acepta menos.
>
> —*Banda MS*

Una guerrera de la riqueza exitosa siempre debe familiarizarse con el terreno antes de entrar en el campo de batalla. Ahora que conoces tus heridas monetarias y has calentado los músculos de la creación de riqueza con estrategias de inversión básicas, estás preparada para pasar al siguiente nivel. Es hora de sumergirte y descubrir qué es el mercado de valores. Compartiré contigo algunas nociones básicas y desglosaré los términos, definiciones y categorías más comunes, que son partes clave en tu camino a convertirte en inversora.

Tómate tu tiempo con este nuevo idioma. Si sientes que tus

heridas monetarias empiezan a activarse —tal vez empieces a sentirte un poco abrumada o sientas presión en el pecho—, revisa los capítulos anteriores para establecer tu brújula hacia las creencias reformuladas de nuestras verdades guerreras. Pronto empezarás a sentirte capacitada para ocupar un espacio en este poderoso territorio. Hasta entonces, puedes consultar el glosario de la página 257 para buscar definiciones cuando necesites un repaso. ¡Tú puedes!

EL MERCADO DE VALORES... VAMOS A DESGLOSARLO

Cuando era una chamaquita, solía ir con mis papás a la pulga de Santa Fe Springs, California, todos los fines de semana. Mi tío y mi tía tenían un puesto en el que mis papás y yo ayudábamos a vender casetes. Me encantaba esta escena vibrante llena de propietarios de negocios de todas las procedencias y rincones del mundo haciendo ventas en medio del caos de voces clamorosas y de la energía bulliciosa. Las grandes carpas azules nos protegían del sol abrasador. Me sentía muy importante de pie al lado de la mesa de mis tíos, como si perteneciera al equipo. Las primeras horas de la mañana eran para poner los casetes sobre la mesa. Siempre teníamos a Juan Gabriel, Los Tigres del Norte o alguna otra música sonando de fondo para inspirar a los transeúntes a detenerse y escuchar las melodías que podían ser suyas por un módico precio. A veces, si mi tío y mi papá estaban ocupados, yo guiaba al cliente en dirección a lo que buscaba o intervenía para ayudar a encontrarlo rápidamente antes de que perdiera el interés. El tiempo lo era todo. A medida que avanzaba el día, mis ojos se desviaban hacia las otras secciones de la pulga, donde los vendedores ofrecían juguetes y ropa. Pero no estábamos allí para comprar, sino para ayudar a que mis tíos vendieran su mercancía. Fue entonces cuando empecé a comprender el uso del dinero para obtener algo a cambio.

El **mercado de valores** es básicamente como la pulga o, mejor aún, un supermercado. Contiene diferentes acciones, que son partes de empresas que cotizan en bolsa, igual que un supermercado contiene diferentes productos de diferentes marcas. Cualquiera de nosotros puede poseer una parte de una **empresa que cotiza en bolsa** porque es una empresa pública.

Para que una empresa privada se haga pública y entre al mercado, debe rellenar formularios de solicitud y explicar a qué se dedica, hacia dónde se dirige, cuánto dinero ha ganado y su potencial de crecimiento. A continuación, esta información es examinada por la Comisión de Bolsa y Valores (Securities and Exchange Commission, o SEC, por sus siglas en inglés), un organismo independiente del Gobierno estadounidense que regula el mercado de valores y protege a los inversores. Si la SEC aprueba la solicitud de la empresa, se le permite salir a la bolsa y entrar en el mercado. Esto significa que nosotros, el público, tenemos la oportunidad de poseer una parte de esa empresa, porque ahora cotiza en bolsa. Actualmente ya invertimos en innumerables empresas cuando compramos sus productos. El mercado de valores nos da la oportunidad de comprar una parte de las empresas que fabrican nuestros productos favoritos, para que podamos capitalizar cualquier crecimiento que estas empresas puedan experimentar a través de las **plusvalías** (la ganancia obtenida de una inversión inicial).

Estas empresas que cotizan en bolsa están organizadas por sectores. Hay once sectores diferentes en el mercado de valores, conocidos como **sectores bursátiles**. En cada sector, puedes encontrar empresas cotizadas que ofrecen bienes y servicios similares. Estos sectores son como los distintos pasillos de tu supermercado. Cuando caminas por el súper, tienes un pasillo de lácteos, otro de carne y otro de productos congelados. Los súper están dispuestos así para que podamos ser eficientes cuando compramos allí. Sabemos exactamente a dónde ir para acceder con facilidad a lo que necesitamos. Así está organizado también el mercado de valores. Los once sectores bursátiles son: bienes de consumo básico, servicios de comunicación, consumo discrecional, energía, servicios financieros, cuidado de la salud, industrial, tecnología, materiales, inmobiliario y servicios básicos. El mercado se divide en sectores para ayudar a mantenerlo organizado y medir su rendimiento frente a empresas similares, pero no elegimos necesariamente nuestras acciones en función de los sectores. En general, primero elegimos una empresa que nos interesa y después identificamos a qué sector pertenece. Por ejemplo, cuando vas al supermercado, tienes una lista de alimentos que quieres comprar. Esas son tus acciones. No estás comprando comestibles basándote en el pasillo en el que están. Estás comprando comestibles basándote en los productos que quieres conseguir. Una vez que has agarrado los productos de los pasillos (hablaremos de la selección de acciones en el Paso 5), te diriges a la caja registradora para realizar la transacción. Esa caja registradora equivale a una bolsa de valores en el mercado bursátil.

Las **bolsas de valores** son la infraestructura y el mecanismo formal donde se cotizan las acciones y se realizan las transacciones bursátiles, facilitando el comercio de acciones (también conocidas como valores de renta variable). En Estados Unidos hay dos bolsas principales: la National Association of Securities Dealers Automated Quotations (Nasdaq), donde la compra y venta de acciones se realiza únicamente por Internet; y la reconocida bolsa de Nueva York (NYSE), que conecta a los compradores con el mercado bursátil mediante operaciones electrónicas o físicas. Piensa en Wall Street, que es una calle real en Downtown Manhattan y ha sido durante mucho tiempo sinónimo de la industria financiera.

Cuando tenía diecisiete años y cursaba el penúltimo año de la preparatoria pública de Dallas, solicité y me aceptaron en DECA que, según su misión, es un programa destinado a preparar «líderes emergentes y emprendedores en marketing, finanzas, hostelería y gestión en institutos y universidades de todo el mundo». Este programa no solo me proporcionó una asombrosa visión general de las habilidades comerciales y empresariales necesarias para sobresalir en el mundo real, sino que también me ofreció viajes de estudio reveladores. Nuestro viaje del último año fue nada menos que a Nueva York. Nuestra profesora había programado un itinerario completo con varios lugares que quería que visitáramos mientras estuviéramos allí, como la Estatua de la Libertad, el Empire State Building, Times Square y otras atracciones turísticas. Un día teníamos dos actividades programadas al mismo tiempo; la mitad del grupo fue a ver una grabación en vivo de *The Sally Jessy Raphael Show*, y la otra mitad fue a visitar la NYSE en Wall Street y a tocar la famosa campana que señala la apertura y el cierre del mercado cada día. Me sentí súper desilusionada cuando me colocaron en este segundo grupo, porque tenía muchas ganas de ir al show. Aunque no me gustaba mucho la presentadora, me encantaba la idea de participar en una grabación en vivo.

Sin embargo, cuando llegamos a Wall Street, ver aquel edificio colosal con imponentes columnas elevándose sobre nosotros borró de inmediato cualquier resto de deseo que tuviera de formar parte del otro grupo. Subimos unos escalones, y adentro nos encontramos con el salón principal de la bolsa: mil cuatrocientos metros cuadrados llenos de pantallas y de agentes profesionales que se movían por los estrechos pasillos, esperando ansiosos el comienzo de la jornada. Un hombre con un traje impecable nos condujo por una escalera hasta el estrado que dominaba todo el salón.

TÁCTICAS DE GUERRERA DE LA RIQUEZA: RESPETA EL HORARIO TRADICIONAL DEL MERCADO

Al igual que tu tienda de comestibles local, las bolsas de valores operan durante unas horas determinadas, llamadas **horas del mercado**. El horario tradicional del mercado es de lunes a viernes, de 9:30 a. m. ET a 4:00 p. m. ET. También hay horarios previos al mercado (de lunes a viernes, de 4:00 a. m. ET a 9:30 a. m. ET) y horarios posteriores al mercado (de lunes a viernes, de 4:00 p. m. ET a 8:00 p. m. ET) para las grandes instituciones que mueven enormes cantidades de dinero. La industria las llama ballenas, o instituciones que mueven el dinero de otras personas, y los tiburones son inversores independientes astutos y agresivos. Nosotros somos los peces pequeños. Cada vez que las ballenas mueven dinero en la bolsa –a veces millones o miles de millones de dólares–, el precio de una acción puede oscilar con bastante rapidez, haciendo que ese momento sea volátil para comprar o vender. Como inversora nueva, te recomiendo que te ciñas a las horas tradicionales del mercado. Yo tengo más de diez años de experiencia en el mercado de valores, y sigo prefiriendo hacer mis inversiones dentro de las horas tradicionales del mercado.

Eché un vistazo a la bolsa de Nueva York, asimilando cada detalle pero sin comprender del todo el momento, y me sentí invadida por la energía dinámica que flotaba en el aire. Algunos de mis compañeros hicieron sonar la campana de los diez segundos que señalaba la apertura del mercado, y la multitud que había debajo vitoreó a todo volumen y luego se dio la vuelta y al instante empezaron a gritar en sus teléfonos y a lanzar al aire trozos de papel que ya no necesitaban. Podía sentir que algo increíblemente significativo estaba ocurriendo en este espacio. Aunque todo era nuevo para mí, era consciente de que estaba en un salón con decisores cuyas elecciones afectarían la economía mundial, y esa energía tuvo un enorme impacto en mí. Fue estimulante, una semilla de algo más grande que llegaría a mi vida más adelante.

El mercado de valores nos da acceso a más al ofrecernos la oportunidad de convertirnos en lo que se denomina un inversor minorista. Un **inversor minorista** (también conocido como inversor individual) es un inversor no profesional que compra y vende acciones. Tanto si eres un inversor principiante como uno más veterano con más de diez años de experiencia, como yo, puedes tomar tu riqueza en tus manos e ir tú mismo directo al mercado a comprar acciones.

ACCIONES Y PARTICIPACIONES: ES HORA DE SABER QUÉ ES QUÉ

Bueno, pues hemos llegado al supermercado —quiero decir, al mercado de valores— con la intención de comprar una parte de una empresa que cotiza en bolsa durante las horas de mercado tradicionales. Pero ¿qué son exactamente esas partes?

Son acciones. Una **acción** se divide en participaciones; estas participaciones constituyen una empresa que cotiza en bolsa. Volvamos al supermercado. Estamos adentro, y nos dirigimos al pasillo de los productos frescos (nuestro sector elegido) porque estamos interesados en comprar manzanas. Llegamos a los contenedores y vemos que hay varias hermosas torres de manzanas disponibles. En otras palabras, las empresas tienen acciones, y tú estás allí para comprar participaciones (manzanas individuales) de esas acciones. Las **participaciones** representan la propiedad fraccionaria de la empresa cotizada en bolsa en la que estás invirtiendo. Si compras una, dos o tres manzanas, se convierten en tu parte de esas acciones, lo que te convierte en accionista de la empresa que produce las manzanas. Pero espera: hay diferentes categorías para tener en cuenta al comprar acciones.

CATEGORÍAS DE ACCIONES

Piensa en las categorías de acciones como si fueran diferentes marcas de productos similares. Algunas son marcas antiguas de confianza (acciones de primera categoría), otras son marcas estacionales (acciones cíclicas) y otras son marcas genéricas baratas (acciones chicharro). Saber en qué categoría entran tus acciones te permitirá identificar qué inversión es más o menos arriesgada. Por eso es importante entender las empresas en las que inviertes. Ten en cuenta que algunas acciones pueden pertenecer a varias categorías, y algunas categorías pueden parecer similares entre sí. Hay matices que las distinguen, así que cuando pasemos a los próximos capítulos y empecemos a hablar de cómo elegir tus propias acciones, volveremos a examinar estas categorías para orientarte. Por ahora, pasemos a comprender qué significa cada una de ellas.

√ *Las acciones de primera categoría* son de empresas conocidas y de alta calidad, líderes en sus sectores y que han resistido el paso del tiempo. Son como cuentas de redes sociales que han sido verificadas con la marca azul. Entre ellas están Apple, Coca-Cola, Johnson & Johnson, Disney... las empresas originales de la vieja guardia. Las acciones de primera categoría son una inversión más segura que probablemente proporcionará crecimiento año tras año, siempre y cuando sigan creando productos de los que dependemos.

√ *Las acciones cíclicas* son acciones estacionales que vamos atravesando durante el año. Entre ellas están las aerolíneas, las empresas minoristas, los hoteles y los restaurantes. El valor de estas acciones depende de la temporada —como el verano o las vacaciones para las empresas de viajes— y de la economía, ya que pueden sufrir grandes golpes cuando se produce un acontecimiento nacional o internacional importante. Durante el apogeo de la pandemia de COVID-19 en 2020, las acciones de Marriott, Cheesecake Factory y Delta cayeron drásticamente y perdieron su valor. También las hemos visto en constante recuperación desde entonces, a medida que los viajes y las comidas afuera de casa han vuelto a repuntar. No tengo acciones cíclicas... ya me imagino a los grandes inversores poniendo los ojos en blanco y pensando: «Ni siquiera tiene acciones cíclicas». A ellos les gustan porque el valor de las acciones suele subir con las estaciones, pero eso me parece irrelevante. Yo prefiero las acciones que ganan más allá de la estación. Cada camino es diferente, así que aprenderemos juntos a elegir la mejor opción para ti.

√ *Las acciones defensivas* (también conocidas como acciones no cíclicas) son empresas bien establecidas, como las de primera categoría, pero brindan dividendos y beneficios estables sin importar el estado del mercado de valores en general. Algunos ejemplos son Costco y Coca-Cola. Sí, las acciones defensivas suenan parecidas a las de primera categoría porque lo son. Las acciones pueden pertenecer a más de una categoría, así que Coca-Cola, por ejemplo, se considera una acción de primera categoría, defensiva y con dividendos. Por muy consistente que sea esta categoría de acciones, la pandemia la puso al límite y la hizo caer durante un breve periodo. Así que ahora hemos visto que, si el mercado de valores sufre una gran crisis, estas acciones también se verán afectadas, aunque solo sea de manera temporal.

√ *Las acciones con dividendos* te recompensan con un dividendo (un pago realizado por separado sobre tus inversiones) cuando generan ganancias. Cuando compras una acción con dividendos, no solo obtienes ganancias por el crecimiento de la acción, sino que la empresa pagará un porcentaje de sus ganancias trimestrales o anuales (dependiendo de la empresa).

Algunos ejemplos de acciones con dividendos son Target, Clorox y Walgreens. En 2022, Target pagó $0,90 trimestrales, y el dividendo trimestral de Clorox fue de $1,16. Por lo tanto, si hubieras sido dueña de cinco participaciones de Target, habrías recibido $0,90 por participación, lo cual equivaldría a un total de $4,50 en dividendos. Lo máximo que he visto son $6,00, pero esa cantidad está lejos de ser lo normal. Ten en cuenta que cuando recibes dividendos, tienes que pagar el impuesto sobre ingresos por ese dinero. También debes poseer la acción durante un determinado periodo antes de que se te recompense con un dividendo.

√ *Las acciones de crecimiento* ofrecen una tasa de crecimiento que es bastante superior al promedio general del mercado de otras acciones. En general no pagan dividendos porque son de crecimiento, lo que significa que su valor aumentará con el tiempo. Estas acciones son estupendas para quienes buscan invertir a largo plazo, porque el crecimiento suele producirse a largo plazo, pero no te dejes engañar por su nombre: aunque sean acciones «de crecimiento» como todas las acciones, no hay garantías al cien por cien de que vayan a crecer. Algunos ejemplos de acciones de crecimiento son Amazon, Google y Tesla.

√ *Las acciones meme* son acciones que se han hecho virales en las redes sociales y comunidades de chat. Esta viralización hace que una oleada de gente las compre a la vez, disparando el precio de las acciones con un crecimiento de la noche a la mañana de entre el 30 % y el 50 %. No es normal que las acciones suban así de un día para otro. Y no significa en absoluto que la empresa valga más, por eso estas acciones son tan peligrosas. En muchos casos, se trata de esfuerzos organizados por comunidades de agentes, casi como una red de apuestas de Wall Street, con apostantes que esperan hacerse ricos. Un buen ejemplo es lo que ocurrió con GameStop. Se trataba básicamente de una jugada contra el sistema. Un usuario de Reddit compartió por qué pensaba que GameStop estaba infravalorada y mostró cuánto había invertido. Empezó con $25 000 y luego compró otros $25 000. La gente empezó a sentir **FOMO** (*fear of missing out* o, en español, miedo a perderse algo), así que empezaron a comprar. A principios de enero de 2021, las acciones estaban a $2,57 por participación, y para el 28 de enero ya estaban a $483. Algunos medios de comunicación se hicieron eco de esta historia, y se convirtió en un reguero de pólvora que se extendió por todas las noticias, lo que inspiró a más inversores a lanzarse. El tipo que lo empezó todo acabó ganando $48 millones con sus $50 000 de inversión inicial. Cuando los inversores minoristas ven que el valor de una acción se dispara de la noche a la mañana, es difícil que no empiecen a sentir FOMO, pero esa emoción los impulsa a empezar a comprar cuando una acción está en su punto álgido. Sin embargo, al igual que la última moda de baile o el último escándalo de famosos, los momentos virales no duran. Eso es lo que hace peligrosas estas acciones: no favorecen el crecimiento de los inversores a largo plazo. De hecho, es posible que te enteres de que has invertido en un ***stonk***, que es un error ortográfico intencional de la palabra *stock* («acción» en inglés), utilizado irónicamente para subrayar las pérdidas que suelen sufrir las acciones meme. Incluso los agentes profesionales necesitan conocimientos precisos para entrar y salir en el momento adecuado. Convertirse en una guerrera de la riqueza no incluye tácticas para hacerse rico rápidamente, porque estamos en esto a largo plazo.

√ *Las acciones chicharro* (también conocidas como *penny stocks*) son acciones de una pequeña empresa que suelen negociarse a menos de cinco dólares por acción. El precio puede ser tentador para los inversores con un presupuesto ajustado, pero ten en cuenta que las acciones chicharro son extremadamente especulativas; en otras palabras, son una apuesta enorme, que convierte al mercado de valores en un casino. No recomiendo que los nuevos inversores las compren.

√ *Las acciones especulativas* se encuentran al principio de su fase de crecimiento y, por tanto, tienen un riesgo extremadamente elevado. Estás apostando tu dinero y esperando que esta acción genere un producto que logre convulsionar la industria y consiga mantener ese éxito en el futuro. Pero no sabemos con certeza si lo conseguirá o si se hundirá, lo que puede crear una oportunidad de grandes ganancias o pérdidas. Muchas de las empresas que ahora se clasifican como de primera categoría alguna vez fueron especulativas, por eso me gusta comprar una cantidad modesta de acciones especulativas.

√ *Las acciones tecnológicas* son todas las acciones relacionadas con el sector de la tecnología, desde los productores de semiconductores hasta los proveedores de *software*. Me gustan estas acciones porque convulsionan nuestra forma de vivir, acomodándose al nuevo mundo al que nos adentramos. Nos permiten ver estrenos de cine sin tener que salir de casa, pedir un producto por Internet y que nos lo entreguen en menos de dos días, pedir un taxi a través de una aplicación, cargar nuestros carros eléctricos en nuestros garajes, tener una computadora en nuestros teléfonos inteligentes, etc. Algunos ejemplos de acciones tecnológicas son Apple, Tesla y Amazon.

√ *Las acciones con valor nominal* son las que existen desde hace mucho tiempo y se han convertido en líderes de la industria con poco margen de expansión, pero muchos las consideran modelos de negocio fiables. Algunos expertos creen que se están vendiendo por menos de lo que consideran que es su valor, mientras que otros piensan que son trampas de valor y por alguna razón son baratas. Algunas personas buscan específicamente acciones de valor nominal, mientras que otras las evitan como a la peste; todo es relativo y dependerá de a quién preguntes. Algunos ejemplos de acciones con valor nominal son Bank of America, Toyota y Verizon.

Sugiero que, cuando elijas categorías de acciones como nuevo inversor, empieces con las de primera categoría, que son una de las formas más seguras de empezar a exponerse en el mercado. Mantente alejada de cualquier acción especulativa o chicharro, que son increíblemente volátiles y poco fiables. Para ponerlo en perspectiva, yo no empecé a invertir en acciones especulativas hasta pasados los ocho años en la bolsa, y siguen representando solo el 1 % de mi cartera, porque entiendo que, aunque crea en una empresa, su potencial no garantiza su futuro. Lo último que quiero que hagas es que te juegues el dinero que tanto te ha costado ganar al comienzo de tu camino inversor. Las inversiones sólidas te darán muchas más posibilidades de obtener rendimiento a largo plazo.

TÁCTICAS DE GUERRERA DE LA RIQUEZA: PRÉSTALES ATENCIÓN A LAS CRIPTOMONEDAS

Con los albores de la tecnología *blockchain* y las criptomonedas, nuestra generación está viendo el nacimiento de una nueva moneda digital o clase de activos. Wall Street está despertando a este fenómeno. El Salvador la ha convertido en moneda. El objetivo de las criptomonedas está en su nombre: *monedas*. Se rastrean abiertamente en una cadena de bloques (*blockchain*), que proporciona un sistema de contabilidad virtual abierto a la revisión pública.

A diferencia de la moneda tradicional, gestionada por una autoridad centralizada (como el Sistema de la Reserva Federal de Estados Unidos), el sistema de criptomonedas está descentralizado, lo que lo hace atractivo para muchos, pero también arriesgado porque no está regulado. Cuando una moneda o clase de activos no está regulada, cualquiera puede fabricar monedas falsas sin que nadie se dé cuenta, porque no hay ninguna entidad encargada de verificar si las monedas son legítimas. Además, cuando el valor de las criptomonedas empezó a dispararse, tenía más sentido guardarlas que gastarlas. Esto, a su vez, hizo que la criptomoneda empezara a cotizarse como una acción, fluctuando con el mercado en lugar de ser otra forma de moneda con la que podemos comprar bienes y servicios. Por ello, cuando el mercado de valores cayó en picada en 2022, también lo hizo el valor de la criptomoneda, que se volvió increíblemente volátil. Creo que es una clase de activo importante, pero es demasiado temprano para conocer su verdadero valor y potencial.

Si estás pensando en invertir en criptomonedas, empieza por investigar sobre las monedas más rentables que han superado la prueba del tiempo. Asegúrate también de poseer tu monedero de criptomonedas, un lugar donde puedes guardar tus monedas de forma segura, y de tener tu propia clave privada. Si no posees un monedero o la clave de tu monedero, podrías estar invirtiendo en criptomonedas sin poseerlas de verdad. Creo que la tecnología de blockchain es el futuro, pero también la vigilo de cerca para ver cómo evoluciona. Si es algo que te interesa, por favor, actúa con la debida diligencia, profundiza para familiarizarte lo suficiente con esto y ver si te sientes cómoda participando o no.

PARTICIPACIONES FRACCIONADAS Y DIVISIÓN DE ACCIONES

Algo nuevo que ha ocurrido en los últimos años en el mercado de valores es lo que la industria llama **participaciones fraccionadas**, es decir, fracciones de una participación completa de una empresa. Supongamos que estás al lado del contenedor lleno de manzanas verdes y quieres comprar una, pero descubres que cada manzana individual cuesta cien dólares, lo que está muy por encima de tu presupuesto. Ahora tienes la opción de comprar una porción de esa manzana. Ese trozo es una participación fraccionada. La cantidad de dinero que pagues por el trozo, o la fracción, será proporcional al tamaño del trozo. Así, si tienes veinte dólares, tu porción será más pequeña. Si tienes cincuenta dólares, tu parte será mayor. Una vez que realices esta compra, te convertirás en propietaria de una participación fraccionada. Con el tiempo, podrás volver al súper a comprar más trozos hasta que puedas ser propietario de una manzana entera o participación. Es una forma económica de acceder y participar en el mercado de valores.

Aquí va otro escenario: hay *stock* de manzanas verdes, pero hay mucha gente que entra en el súper deseando comprar una. Esta repentina demanda, a su vez, dispara el precio de cada manzana. No hay suficientes en el súper para todos, así que solo determinados clientes con presupuestos más elevados pueden y quieren comprar manzanas a este precio. Así que la empresa de manzanas decide producir más manzanas. Al hacerlo, reducen el costo de cada participación y hay más para repartir. Esta decisión de la empresa de aumentar el número de participaciones se denomina **división de acciones**.

Cuando la cantidad del *stock* de manzanas aumenta en función de cuántas manzanas (participaciones) ya existen, el costo de cada manzana individual bajará. Esto significa que más gente se acercará al contenedor y podrá comprar esas manzanas porque ahora estarán dentro de su presupuesto. Ahora los inversores con un presupuesto ajustado pueden comprar una participación a la que antes no habrían tenido acceso. Sí, podrían haber comprado participaciones fraccionadas, pero a menudo la gente se enorgullece de la cantidad de participaciones que puede obtener: las divisiones son estupendas para este tipo de inversores.

Un momento... entonces, ¿qué significa una división de acciones para las participaciones que ya posees? Supongamos que ayer compraste una manzana verde, y la empresa decide hacer hoy una división de acciones de cuatro a uno. Eso significa que por cada manzana, o participación, incluida la que tú posees, la empresa ha decidido darte tres más. En otras palabras, pasas de poseer una manzana a poseer cuatro. Esto también significa que para las manzanas que no son propiedad de nadie, ahora habrá tres más disponibles para comprar en el contenedor. En una división de acciones, cada manzana vale ahora una fracción del precio de la manzana original. Así, si tu manzana original estaba valorada en cien dólares, cada manzana vale ahora veinticinco dólares. Sigues teniendo las mismas acciones por el valor de cien dólares, pero divididas en cuatro participaciones. Ten en cuenta que, aunque es muy poco frecuente, también pueden producirse **divisiones inversas de acciones**, sobre todo si el precio de las participaciones de una empresa baja demasiado y corre el riesgo de ser excluida de la bolsa. Al contrario de una división de acciones, una división inversa de, digamos, una por cuatro significaría que tus cuatro manzanas se convertirían en una, por lo que pasarías de poseer cuatro participaciones a poseer una de esa empresa. Por tanto, si cada manzana valía cien dólares, y tenías cuatro manzanas con un valor total de cuatrocientos dólares, con una división inversa de acciones, ahora tendrías una manzana que valdría cuatrocientos dólares.

Las divisiones de acciones tuvieron mucho bombo en 2020, cuando Tesla y Apple hicieron esto con sus acciones, y de nuevo en 2022, cuando empresas como Google y Amazon adoptaron la misma estrategia. Las empresas hacen divisiones de acciones como forma estratégica de conseguir que más gente invierta en ellas. Los que no pudieron invertir, ahora tienen la oportunidad de hacerlo, y los que ya habían invertido, ahora poseen más participaciones, cada una de las cuales tiene potencial de crecimiento. Cuando la gente compra cada vez más participaciones, su valor suele subir. Curiosamente, muchos miembros de la vieja escuela de Wall Street odian la división de acciones. Aunque no cambie nada en el negocio, hacer que las acciones sean más accesibles para la gente aplasta el derecho de los inversores a presumir de poseer participaciones que valen, digamos, $3000 cada una. Pero, al fin y al cabo, ¡no pueden mantenernos fuera del juego! Vivimos en el sistema que crearon estos guardianes, y la única manera de poder cambiar el juego es aprender a jugarlo.

Quiero que te familiarices a fondo con estos conocimientos fundamentales para que estés armada con las herramientas que necesitas para entrar de lleno en el terreno de la inversión de la guerrera de la riqueza. ¡Estoy muy orgullosa de ti por haber llegado hasta aquí! Después de una batalla tan ardua, dale a tu mente el tiempo necesario para procesar lo que has aprendido

PASO 4

DALE UN PORTAZO A LA QUIEBRA Y ABRE TU CUENTA DE CORRETAJE

Ellos me abrieron la puerta,
yo la partí más abierta.
Aquí los límites se quiebran,
nosotros vamos con fuerza.
Yo vine a cobrar.

—*Snow Tha Product*

Estamos a punto de entrar en el terreno donde las personas más inteligentes de todas las profesiones se congregan para crear riqueza. Ahora más que nunca, tienes que unirte a este frente, para que dentro de cinco, diez, quince años estés cumpliendo y superando tus objetivos financieros, tengas una cartera sólida y estés accediendo al espacio de generación de riqueza que siempre te ha correspondido por derecho. Hacerlo nos permitirá ayudar a reducir la disparidad financiera que experimentamos hoy en día y lograr un cambio significativo para las generaciones venideras. Mientras navegas por todo este proceso, empezarás a experimentar de primera mano la forma en que el dinero puede funcionar como una herramienta en nuestro camino hacia la creación de riqueza: esa es una de las razones por las que considero que el mercado de valores es nuestro maestro definitivo. Nuestras inversiones de hoy pueden convertirse en unas vacaciones de ensueño, el pago inicial de una casa, un fondo para la universidad de nuestros hijos y mucho más. Guerreras de la riqueza, respiren hondo: estamos entrando en este nuevo campo de operaciones como un frente unido.

RECUERDA: EL DINERO ASUSTADO NO HACE DINERO

A los dos meses de empezar a trabajar en Netflix, entré en una oficina rebosante del sonido de voces que parloteaban y de energía cinética. No sabía qué demonios estaba pasando, pero probablemente tenía que ver con que era la mañana siguiente a la llamada de resultados del tercer trimestre de la empresa. Como de costumbre, me dirigí a mi escritorio, encerrado por altas particiones de cubículo de color canela, y me ocupé en el comienzo de la jornada laboral. Un superior blanco que se llevaba bien con mis colegas y conmigo se dio cuenta de mi despiste, así que se acercó en silencio y me dijo:

—Oye, Linda, ¿has escuchado la llamada de resultados?

—No. Mientras me sigan pagando, estoy bien —respondí, intentando terminar la conversación. Claro, la llamada era sobre los resultados financieros de la empresa, pero no creía que me afectara. Lo único que quería hacer era enfocarme en convertirme en una empleada ideal para poder conservar mi recién estrenado sueldo y alcanzar el objetivo de ahorro a largo plazo que me había fijado recientemente con Nadine.

Sintiendo mi aprensión, asintió con la cabeza y se marchó. Poco después, vi su cara bien afeitada enmarcada por su pelo rubio y corto en el pequeño espejo que colgaba sobre mi monitor. Estaba de pie en la entrada de mi cubículo y parecía deseoso de hablar, así que saqué el pequeño archivador metálico con tapa de cojín y lo invité a tomar asiento.

—¿Has empezado a invertir en Netflix? —me preguntó.

Sentí que el corazón se me había metido en la garganta y que el pulso resonaba en mis orejas calientes. Me estaba preguntando sobre algo que se encontraba totalmente fuera de mi alcance, y tenía que buscar la manera de hacerme la despreocupada mientras daba brazadas para llegar a la orilla.

—Las acciones se dispararon tras la llamada de ayer, y todos hicimos un dineral. Tienes que participar, Linda.

El síndrome del impostor utilizaba mi confianza como saco de boxeo en aquella oficina, pero hasta ahora me las había arreglado para asentir en conversaciones que me excedían. Entendí lo esencial de lo que intentaba decirme, pero él se dio cuenta de mi falsa mirada de complicidad, así que no insistió más y cambió de tema, mientras yo largaba un gran suspiro de alivio en secreto.

Al día siguiente, este colega, que por alguna razón no estaba dispuesto a darse por vencido conmigo, volvió a pasar por mi cubículo, esta vez con el celular en la mano. Empezó a hablarme del mercado de valores y de inversiones, haciendo todo lo posible por utilizar términos sencillos para mantener mi atención en lugar de hablarme de manera paternalista. Mi inseguridad y vergüenza por no saber hablar este nuevo idioma hizo que su presencia me molestara, pero una parte de mí ansiaba adentrarse en este mundo de riqueza ajeno. A medida que percibía su genuino interés por abrirme los ojos y hacerme partícipe de esta oportunidad, empecé a sentirme más a gusto en la conversación e incluso me atreví a preguntar «¿Qué significa eso?» cuando mencionaba una palabra o frase que no reconocía. Entonces desbloqueó su teléfono y me mostró su cartera de valores.

—Mira, esto es lo que he ganado tras la llamada de resultados de este trimestre.

Me quedé mirando en silencio aquellos cuadros y gráficos desconocidos.

—Linda, tú ya conoces este negocio. Sabes hacia dónde se dirige. Tienes que utilizar esta perspicacia a tu favor y entrar en el juego.

Durante las siguientes semanas, empezó a pasar por mi cubículo con regularidad en sus descansos para seguir mostrándome el ciclo del mercado y el rendimiento de las acciones de Netflix. Me instó a enfocarme en el rumbo de la empresa y lo que podría conseguir, y me ayudó a verla desde una perspectiva completamente nueva: la de un inversor y no la de una empleada. Cada vez que él se iba de mi cubículo, me dirigía a la computadora y enseguida buscaba en Google los términos que no acababa de comprender, lo cual despertó mis ganas de aprender este idioma financiero. Me pasé el resto de 2012 escuchando a mi colega y leyendo todo lo que caía en mis manos sobre el mercado de valores, familiarizándome con los estados financieros de la empresa, escuchando las llamadas de resultados anteriores y consultando los gráficos de las acciones, con la esperanza de que el aluvión de información sofocara el miedo que me daba entrar en este espacio.

Siempre me habían dicho que se necesitaban miles de dólares para iniciarse en el mercado. También tenía miedo de que resultara ser la estafa de «hazte rico rápido» que todos en mi comunidad siempre decían que era. Y no es que estuviéramos tan equivocados al creer esto. De hecho, algunas personas utilizan el mercado como una herramienta de apuestas: especulan sobre qué acciones subirán o bajarán y hacen negocios sobre la marcha para ganar dinero extra de la noche a la mañana. Con esta imagen predominante en mi experiencia, pensé: «¿Por qué remover la olla justo cuando todos los ingredientes de mi vida han empezado a cocerse cómodamente a fuego lento?». Para ser sincera, ni siquiera me había atrevido a ingresar dinero en mi plan 401(k), que mi empresa habría igualado —¡eso sí que es dinero gratis!—, así que puedes imaginarte el nivel de ansiedad que sentía al considerar el mercado de valores. Para colmo, no tenía a nadie en mi vida que me sirviera de modelo para invertir aparte de este colega, y él era blanco, lo que contribuía a mi creencia de que el mercado era realmente solo para los blancos. Pero decidí hacer de tripas corazón y escuchar mi estruendoso instinto, que me instaba a dar este salto.

ESTABLECE INTENCIONES MONETARIAS

Antes de empezar a invertir en acciones de Netflix, pensé en el futuro y en lo que ese dinero podría llegar a hacer por mí, y vi una casa. Fijé esa intención y me comprometí a no vender mis acciones durante al menos diez años, a menos que mi objetivo se cumpliera antes. El resultado final que imaginaba con este dinero era sacar las plusvalías de la bolsa y convertirlas en capital, lo cual al final conseguí al comprar mi primera casa.

Creo de todo corazón en mantener nuestras acciones alineadas con nuestras intenciones en todos los ámbitos de nuestra vida, incluso el financiero. Antes de adentrarnos en el territorio de la selección de acciones, detente y pregúntate: *¿Cuáles son mis intenciones monetarias?* La respuesta puede ser cualquier cosa, desde comprar una casa o crear un fondo para la universidad de tus hijos hasta facturar cien mil dólares. Tu intención monetaria será tu fuerza motriz y tu motivación al iniciar este nuevo capítulo de tu vida, en especial cuando te topes con el primer obstáculo en tu camino. Cuando te carcoma la duda, enfócate en tu intención monetaria y recuerda por qué decidiste entrar en este terreno de creación de riqueza.

Mi intención para ti es que reúnas las herramientas proporcionadas en estas páginas y las utilices para empezar a participar en el mercado de valores como inversor a largo plazo, de modo que minimices el riesgo y aprendas a crear riqueza con el tiempo. Abrir tu cuenta de corretaje es un acto revolucionario que te dará acceso al mercado libre, que durante mucho tiempo ha parecido fuera del alcance de las comunidades latinas. Dar este importante paso no solo te permitirá aumentar tu destreza con el dinero, sino que también te capacitará para convertirte en una auténtica guerrera de la riqueza. ¡Y eso que recién comenzamos!

ESTABLECE TU PRESUPUESTO: INVIERTE SÓLO LO QUE PUEDAS PERDER

Me di un tiempo para pensar largo y tendido antes de establecer mi presupuesto de inversión inicial. Como todavía era bastante escéptica respecto al mercado de valores, decidí enfocarme en una cifra que no me sumiera en un estado de pánico total si lo perdía todo. Una forma fácil de encontrar este número mágico y cómodo es ponerlo en perspectiva con tu propia vida. Si sueles gastar treinta dólares en una bonita playera que en realidad no necesitas, entonces tal vez esa sea la cifra que te quedaría bien. Si estás acostumbrado a gastarte cien dólares en un restaurante con tu familia sin pensarlo dos veces, entonces tal vez ese podría ser tu objetivo mensual. Vuelve a la hoja de cálculo de tu Plan de Inversiones y calcula los números de la casilla de la suma mensual para ver cuánto te sobra. Esto te dará una idea más clara de lo que podrías permitirte perder de esa suma. Plantea unas cuantas opciones y presta atención a la respuesta de tu cuerpo. ¿Cuál te tensa? ¿Cuál te hace sentir relajada? Elige esta última.

Yo hice mis cálculos, volví a revisar mi balance para comparar mis ingresos con mis deudas y tuve en cuenta el dinero que ya había empezado a invertir en mi fondo de oportunidad. Podía permitirme perder unos $2500 al año —$208 al mes, para ser exactos—, así que esa fue la cifra mágica y cómoda que utilicé para comprar únicamente acciones de Netflix. Ojo: yo no quería perder ese dinero. Decidir esta cantidad por adelantado significaba que podía darme un año entero para experimentar el mercado de valores. Si al final de ese primer año no me sentía cómoda o satisfecha con lo que ganaba en el mercado, vendería mis acciones y lo daría por terminado. O si las cosas empeoraban, un acontecimiento inesperado no alteraría el resto de mi cartera de inversiones. En el caso de que las cosas fueran mejor de lo que esperaba, mantendría el rumbo de mi plan a diez años. Esta libertad de elección me dio tranquilidad frente a las heridas monetarias y mi mentalidad de escasez.

Cuando te dispongas a establecer tu propio presupuesto y a elegir lo que puedes permitirte perder, quiero que recuerdes esto: el dinero que decides soltar es en realidad dinero que estás utilizando para pagarte a ti mismo. En otras palabras, cuando recibas tus ingresos, básicamente estarás enviando unos cuantos dólares para que vayan y se reproduzcan en el mercado por ti. La idea de desplegar dinero en el mercado y dejarlo trabajar para mí era nueva en mi mundo. Todavía utilizo esta estrategia de «invierte sólo lo que puedas perder» para evitar que el miedo me detenga en seco en medio de mi camino hacia la generación de riqueza.

Lo bueno del mercado de valores es que puedes empezar con tan solo veinte dólares al mes, o incluso diez si eso es todo lo que puedes permitirte invertir ahora mismo. Si decides invertir cien, doscientos o mil dólares al mes, también es estupendo. En última instancia, no se trata tanto de la cantidad como de ser constante a la hora de reservar este dinero para tu camino bursátil.

Una vez que hayas llegado a una cifra para invertir con la que te sientas cómoda, guarda el depósito del primer mes para tener un poquito listo y así pasar a la acción cuando alcances esa meta. La inversión más importante que puedes hacer es en ti misma. ¿Estás lista?

ABRE TU CUENTA DE CORRETAJE

Una vez que determiné que podía permitirme gastar $208 al mes en el mercado, me apunté en la **participación accionaria para empleados** de Netflix. Mientras rellenaba el formulario que me brindó nuestro departamento de recursos humanos, marqué la casilla que decía que Netflix deduciría automáticamente los $208 de mi cheque. A continuación, la empresa abrió una cuenta de corretaje para mí y me dio mi nombre de usuario y contraseña. Pan comido, ¿verdad? Para los que trabajan en una gran empresa con una fuerte presencia en el mercado de valores, seguro. Pero para la gran mayoría, abrir una cuenta de corretaje es un proceso aterrador y confuso. Con el paso de los años, me comprometí conmigo misma y con mi empresa a romper esta barrera y ayudar a otros miembros de mi comunidad a dar este paso tan necesario. Yo también estoy de tu lado. El conocimiento es poder, así que empecemos por entender la cuenta que vas a abrir.

Una cuenta de corretaje es una cuenta de inversión que te da acceso al mercado de valores. Puedes utilizar tu cuenta de corretaje para invertir en acciones, bonos y en una IRA, es decir, en todo tipo de activos financieros que se pueden comprar, vender o regalar. Todo lo que necesitas para abrir tu cuenta de corretaje es un número de seguro social o un ITIN, y un formulario de inscripción completo. Eso es todo. No hay comprobación de crédito, no se solicita historial laboral, no se cobra por abrir la cuenta, ni hay importe mínimo para empezar. Es más, si eres beneficiario del programa DACA (Deferred Action for Childhood Arrivals), tú también puedes abrir esta cuenta e invertir en el mercado.

Como latines, a menudo tenemos que dar la vuelta a nuestra larga lista de sufrimientos solo para acceder a escuelas, trabajos, préstamos y otras oportunidades. Pero, como puedes ver, este no es el caso cuando se trata de abrir una cuenta de corretaje. Aquí no tienes que repetir como loro toda la historia de tu vida con la esperanza de que te aprueben. Lo único que tienes que hacer es ponerte manos a la obra con tus habilidades de investigación y elegir la empresa de corretaje adecuada para ti.

Una **empresa de corretaje** pone en contacto a compradores y vendedores para que realicen sus transacciones en el mercado de valores. Volviendo a nuestra analogía del supermercado, elegir una empresa es como elegir en qué súper quieres comprar. Tienes que encontrar el que te proporcione los bienes y servicios que satisfagan tus necesidades financieras. A algunos quizá les guste ir al Ralphs de su vecindario, mientras que otros prefieran ir a Walmart o Trader Joe's. Sé que sueno a disco rayado, pero lo único que te pido es que actúes con la diligencia debida y elijas una empresa de corretaje respetable y ampliamente reconocida para abrir tu cuenta.

Para empezar, aquí tienes cuatro de las empresas más reconocidas y antiguas de Estados Unidos, todas ellas accesibles en línea:

√ *E*Trade*. Fundada a principios de los ochenta, se convirtió oficialmente en la pionera de las empresas de corretaje en línea cuando lanzó su plataforma digital en 1992.

√ *Fidelity Investments*. Es una empresa bien establecida y de gran prestigio que existe desde 1946.

√ *TD Ameritrade*. Otra de las principales empresas de corretaje del país, se fundó en 1975 y recientemente fue adquirida por Charles Schwab.

√ *Charles Schwab*. Fundada a principios de los setenta y considerada «la mayor empresa de corretaje de descuento de Estados Unidos», sigue siendo una de las principales empresas de corretaje del país.

Quizá te suenen algunas de estas empresas: puede que tengas una IRA o 401(k) con alguna de ellas a través de tu empleador. Si es así, considera la posibilidad de continuar esta etapa de tu viaje inversor con esa empresa, porque no solo ya tienes una cuenta de corretaje individual ahí, sino que además has establecido una relación financiera con esta empresa y puedes aprovechar ambos factores a tu favor al abrir una cuenta adicional. Como ya he dicho, yo no elegí mi empresa de corretaje, pero una vez que entré en el mercado, que empecé a navegar por esta plataforma en línea e investigué por mi cuenta, decidí que era una opción sólida e intuitiva para mí, así que sigo con esta empresa desde entonces.

Si aún no tienes una cuenta, reduce aún más tu lista investigando qué empresa satisface mejor tus necesidades. Por ejemplo, E*Trade no ofrece la compra directa de acciones fraccionarias, así que, si eso es algo que te interesa, deberías buscar en empresas como Fidelity o Charles Schwab, que sí la ofrecen. Además, si crees que vas a invertir sobre la marcha, debes asegurarte de elegir una empresa que ofrezca una aplicación intuitiva que te resulte fácil de entender y navegar. Y no, no estoy hablando de una aplicación de inversión automática; eso desafiaría el propósito de este libro. No quiero que la inteligencia artificial elija acciones por ti; quiero que aprendas a elegir tus propias acciones. Según la Reserva Federal, en 2019 solo el 15 % de los estadounidenses eran dueños de acciones directas. Cambiemos eso uniéndonos a este grupo y ampliemos ese porcentaje para incluir no solo a más estadounidenses, sino a más comunidades latinas y de color.

Cada empresa de corretaje tiene formularios ligeramente distintos que debes rellenar para abrir tu cuenta. Todas te preguntarán qué tipo de cuenta de corretaje quieres abrir: una cuenta individual para ti; una cuenta conjunta, que compartirías con una pareja o socio; o, en algunos casos, una cuenta de custodia para tu hijo (debe ser menor de dieciocho años). También te pedirán datos personales, como tu nombre, dirección, número de teléfono, correo electrónico, fecha de nacimiento, documento nacional de identidad y número de la seguridad social o ITIN; y tus datos laborales, como tu ocupación, lugar de trabajo e información de contacto de tu empresa si no trabajas por cuenta propia. A partir de ahí, tendrás que tomar algunas decisiones sobre la cuenta misma. Vamos a desglosarlo.

Opciones, margen o negociación de futuros. Cuando te pregunten si quieres añadir una de estas opciones a tu cuenta, di que no por ahora. Estas opciones están dirigidas a inversores con mucha más experiencia y requieren niveles mucho más elevados de destreza en las operaciones. Si más adelante quieres sumergirte en estos nichos específicos, siempre puedes volver atrás y añadirlos a tu cuenta, pero asegúrate primero de saber en qué te estás metiendo. Por ejemplo, una cuenta con margen significa básicamente que estás invirtiendo con dinero prestado por el bróker que acumulará intereses. Dado que el dinero es prestado, las empresas de corretaje tienen derecho a obligarte a dejar de mantener esos activos si las acciones caen lo suficiente, lo que se denomina una llamada de margen. Los márgenes son una forma muy peligrosa de invertir, porque te hacen responsable de ese dinero. Los inversores muy experimentados son capaces de navegar por este camino pedregoso, pero, por suerte, no necesitas asumir tal riesgo para ser una guerrera de la riqueza en toda regla. Si más adelante decides que quieres saber más sobre lo que significan estas opciones, ponte en contacto con tu contador público o con un miembro de confianza y con experiencia de tu círculo de mentalidades financieras, antes de añadir la opción a tu cuenta. (Nota: si tienes que elegir, escoge el programa de saldo en efectivo [*cash balance program*], que te permite ganar intereses y está asegurado por la SIPC, también conocida como Securities Investment Protection Corporation, que, como la FDIC, protege hasta $250 000 de tus depósitos).

Objetivos de inversión y tolerancia al riesgo. Muchas empresas te pedirán que enumeres tu «propósito», «uso previsto» o «metas» para tu cuenta de corretaje. Algunas metas típicas en el menú desplegable de la empresa pueden ser las siguientes:

√ Activo/jornada de negociación

√ Invertir para la universidad/un menor

√ Invertir para planificar el patrimonio

√ Invertir para la jubilación

√ Invertir para planificar impuestos

√ Aprender a invertir

√ Inversión a largo plazo con transferencias ocasionales

Esta lista me parece alucinante porque da una idea del nivel de acceso que puedes obtener al abrir una cuenta de corretaje. Desde invertir en el mercado de valores para la matrícula universitaria de tus hijos, para tu jubilación o para adelantarte a la temporada de impuestos, hasta simplemente aprender a invertir, estas opciones están a disposición de nuestras comunidades. Y ya es hora de que empecemos a utilizarlas también en nuestro beneficio. Según Gallup, el 56 % de los estadounidenses poseen acciones. El 10 % más rico de los estadounidenses posee el 89 % de esas acciones. Y escucha esto: del porcentaje de acciones que poseen los estadounidenses, el 90 % son propiedad de blancos, mientras que solo el 1,1 % pertenece a personas negras y el 0,4 % a latinos. Podemos cambiar esto entrando al mercado ahora. Como acabamos de empezar este camino de guerrera de la riqueza, te sugiero que elijas la meta que dice: «aprender a invertir». Los dos primeros años de inversión consistirán en aprender haciendo. Mi papel es simplemente presentarte el mercado y ayudarte a verlo como un espacio accesible para ti. El mercado será tu maestro, el dinero será tu herramienta y, con el tiempo, tus heridas y emociones dejarán de dominar tus decisiones con respecto a la generación dinero.

Otro menú desplegable habitual te ofrecerá las siguientes opciones para definir tus objetivos:

√ Especulación

√ Crecimiento

√ Ingresos

√ Preservación del capital

Fíjate que en esta lista tenemos los dos extremos del espectro: desde la especulación, una forma de inversión que, como las apuestas, implica más asunción de riesgos, hasta la preservación del capital. El dinero pierde valor con el tiempo. La única forma de preservar el valor de nuestro capital es utilizarlo para ganar más dinero mediante inversiones generadoras de riqueza. Invertir también se considera una fuente de ingresos cuando el valor de tus acciones aumenta y las vendes para obtener una ganancia, así como cuando recibes dividendos de cualquier acción con dividendos. Tanto esa ganancia como esos dividendos se consideran parte de tus ingresos. Esta lista solo demuestra que tienes el poder de utilizar el mercado para adaptarlo a tus necesidades individuales. Si aún no logras conectarte con la opción adecuada, te sugiero que empieces por el crecimiento. Una vez que te hayas convertido en una potentada que necesita averiguar cómo preservar todo su capital, siéntete libre de actualizar este objetivo.

Después de rellenar el formulario, es probable que se te pida que crees un nombre de usuario y una contraseña, y *voilà*, ¡habrás abierto oficialmente tu propia cuenta de corretaje!

Acceder a tu cuenta por primera vez puede resultar abrumador. Hay mucha información, y es probable que muchas de las palabras te resulten todavía bastante desconocidas. Es normal sentirse así. No dejes que te asuste. Forma parte del proceso. La autocompasión siempre es necesaria en los espacios nuevos, sobre todo cuando pasar el rato en cuentas de corretaje y revisando carteras no fue modelado en nuestras vidas. Tómate tu tiempo. Cuando empieces a navegar por tu cuenta, empieza a conectar los términos que hemos discutido hasta ahora con lo que ves en línea. Vuelve a los capítulos anteriores y consulta el glosario de la página 257 para seguir familiarizándote con esta nueva jerga. Busca en línea lo que no entiendas o investiga más cuando te pique la curiosidad, hasta que este idioma empiece a parecerte algo natural.

Son tiempos emocionantes, te estás embarcando en un camino para toda la vida, y sé que quizá estés con la adrenalina a todo lo que da, con ganas de lanzarte a comprar y vender. Pero el mercado no va a ninguna parte, guerrera. Llegaremos a la selección de acciones en el próximo capítulo. Abrir tu cuenta de corretaje te ha abierto la puerta al mercado de valores. Hagamos un pequeño alto para que puedas explorar este nuevo territorio y ganar algo más de terreno antes de lanzarte a toda máquina.

CONOCE LOS TRES ÍNDICES PRINCIPALES

Antes de empezar a participar activamente en el mercado de valores, es esencial hacerse una idea de su rendimiento en general. No podemos hacer esto siguiendo una sola acción, por eso le debemos echar un vistazo a los tres índices estadounidenses principales reconocidos a escala mundial que siempre oímos mencionar en las noticias: el Dow Jones, el S&P 500 y el Nasdaq. Un **índice** es una agrupación de acciones que cumplen ciertos criterios específicos que sirven de referencia para seguir el movimiento del mercado, y nos permite comparar los niveles de precios actuales con los pasados, de modo que podamos ver el rendimiento general del mercado y medir la salud de la economía. Es básicamente como un marcador continuo que nos permite saber si una agrupación de acciones ha ganado o perdido ese día, semana, trimestre o año.

Estos índices fueron una de las primeras cosas que conocí y comprendí en 2012, cuando empecé a investigar el mercado de valores mientras trabajaba en Netflix. Era la forma más fácil de seguir la evolución del mercado de valores sin tener que leer un montón de artículos sobre el tema. Cuando empecé a invertir en 2013, echaba un vistazo rápido a mi teléfono una vez que el mercado cerraba para ver si esos tres índices estaban en verde (al alza) o en rojo (a la baja). Entonces comprobaba mi inversión para evaluar cómo iba en comparación. Antes de profundizar en cómo entender estos índices, conozcámoslos primero, para que tú también puedas unirte a los inversores de todo el mundo y utilizarlos como referencia para obtener información clave sobre el mercado.

El **índice industrial Dow Jones**, más conocido como Dow o Dow Jones, fue creado en 1896 por Charles Dow y es el más antiguo de los tres principales índices que miden la salud de nuestra economía. Hace un seguimiento de treinta grandes empresas públicas de primera categoría, como American Express, Coca-Cola y Home Depot, que representan a la mayoría de los principales sectores del mercado estadounidense y cotizan en la bolsa de Nueva York (NYSE). Las empresas incluidas en este índice se consideran líderes del mercado en sus sectores comerciales. (Si no recuerdas qué son las acciones de primera categoría o los sectores del mercado, vuelve al Paso 3 para refrescar la memoria).

El Dow es un índice ponderado por el precio, lo que significa que mide tanto el precio de las participaciones como su fluctuación. Las grandes variaciones de precios en el mercado se reflejan en el Dow y pueden ser un indicio de movimiento al alza o a la baja en un sector concreto. Por ejemplo, podría mostrarnos que el sector tecnológico está bajando y el energético subiendo, lo que nos indica que la tecnología está perdiendo fuerza en nuestra economía mientras que el petróleo y el gas la están ganando. Esto, a su vez, indica que se está produciendo una transferencia de dinero en esos sectores, lo que ilustra cómo puede estar cambiando la economía, es decir, potencialmente fortaleciéndose o debilitándose. Una participación con un precio más alto tendrá un mayor impacto en los altibajos generales del Dow, pero como el Dow se basa sólo en el precio de las acciones de grandes empresas, no tiene en cuenta a las empresas más pequeñas, lo que lo convierte en una medida sesgada de la economía general de Estados Unidos. De hecho, muchos economistas prefieren fijarse en el S&P 500 para revisar la temperatura de la economía.

El **índice Standard and Poor's 500**, también conocido como S&P 500, se creó en 1957. Mide las quinientas empresas más grandes e importantes del país. Más empresas significa más precisión en la medición de toda la economía. El S&P 500 es un índice ponderado por la capitalización bursátil. Mientras que el Dow sigue el precio de una participación, el S&P 500 sigue la **capitalización bursátil** actual (también conocida en inglés como *market cap*), es decir, un cálculo del valor de las acciones totales de una empresa que se utiliza para determinar el tamaño de la empresa. En esencia, el Dow mide la salud de la economía a través de las fluctuaciones del precio de las acciones, mientras que el S&P 500 mide la salud basándose en el valor de una empresa. Las empresas incluidas en esta lista de las quinientas mejores deben cumplir continuamente ciertos requisitos para permanecer en este índice, como tener su sede en Estados Unidos y una capitalización bursátil superior a $6100 millones. Esto significa que algunas empresas con una capitalización bursátil media, cuyo valor oscila entre $2000 y $10 000 millones, y todas las empresas con una capitalización bursátil pequeña, de entre $300 y $2000 millones, no cumplen con estos requisitos. Basándose en estos criterios, la lista de empresas del S&P 500 se reequilibra cada trimestre. Es un índice al que prestamos especial atención porque esas quinientas empresas tienen productos o servicios que consume la mayoría de la población estadounidense. Así que cuando este índice sube o baja, está reflejando básicamente el comportamiento de nuestros consumidores y podría ser un claro indicador de que nuestra economía va en la dirección correcta o incorrecta. Algunos de los pilares del S&P 500 son Apple, Johnson & Johnson y General Electric. Este índice es un gran punto de referencia para que los inversores se hagan una idea del «sentimiento» del mercado, que es la jerga financiera para referirse a la opinión de los inversores sobre una acción o el mercado en general.

El **índice Nasdaq Composite**, también conocido como Nasdaq, mide específicamente las acciones que se cotizan en la bolsa Nasdaq (véase el Paso 3, página 101), lo que significa que hace un seguimiento de más de tres mil empresas, la mayoría de las cuales tienen su sede en Estados Unidos. Este índice fue creado por la Asociación Nacional de Corredores de Valores en 1971, lo que lo convierte en el más reciente de los tres índices principales. Se lo reconoce sobre todo como un índice tecnológico, aunque tiene un pequeño porcentaje de otros sectores. El Nasdaq, al igual que el S&P 500, es también un índice ponderado por la capitalización bursátil, que mide las fluctuaciones de tamaño de las empresas de esta lista —las empresas con mayor capitalización bursátil tendrán más impacto en estos índices—, así como el rendimiento del sector tecnológico.

Algunas empresas incluidas en este índice son Amazon, Google, Microsoft y Apple. Como puedes ver, si una empresa, como Apple, cumple los requisitos, puede figurar en más de un índice, incluso en los tres.

Ahora que sabemos que los índices nos ayudan a medir la salud de la economía, ¿cómo podemos, como inversores, utilizarlos para determinar la salud de nuestra cartera de valores? Los índices pueden decirnos lo bien o mal que se está comportando nuestra cartera frente a un grupo de acciones. Por ejemplo, cuando empecé a revisar los índices, prestaba mucha atención al Nasdaq, porque cuando subía, era probable que las acciones de Netflix también lo hicieran, y viceversa. Si Netflix se movía en dirección contraria al Nasdaq, eso me decía que algo muy negativo o positivo estaba ocurriendo con esa acción en particular, y era mi señal para profundizar y leer qué estaba ocurriendo con Netflix ese día en concreto y por qué. Hoy en día, me apoyo en el S&P 500 para revisar la salud general del mercado, ya que sigue a las quinientas empresas más importantes de Estados Unidos. Echo un vistazo al Nasdaq para ver cómo se comporta la tecnología, ya que tengo una cartera con un alto componente tecnológico. Y echo un vistazo al Dow para ver si hay grandes oscilaciones en las empresas líderes de cada sector, porque si las hay, podrían indicarme si los inversores se están preparando para abandonar un sector por otro —por ejemplo, de acciones tecnológicas a energéticas, que es uno de los movimientos más habituales en el mercado—. Suelo revisar los tres índices al final de cada jornada, y también echo un vistazo a mitad del día si quiero obtener una lectura rápida de la temperatura del mercado, pero no todo el mundo necesita hacer esto a diario. Dependerá en gran medida del tipo de inversor que quieras ser y de tus necesidades y metas. Lo más importante es tener una visión holística de lo que ocurre en tu cartera y en los índices.

APRENDE A LEER UN GRÁFICO DE ÍNDICES

Los índices se leen en forma de gráfico. El gráfico de líneas nos proporciona indicadores rojos y verdes en la propia línea para resaltar el movimiento al alza o a la baja del índice. El verde en el mercado de valores siempre indica una tendencia positiva al alza, mientras que el rojo indica una tendencia a la baja. Puedes encontrar gráficos de los tres índices principales en tu cuenta de corretaje o a través de tu buscador favorito tecleando el nombre del índice. Utilicemos el Nasdaq como ejemplo.

Ve a Google y busca «Nasdaq index», luego desplázate hasta el gráfico de líneas. Debajo del nombre del índice está el nivel actual del Nasdaq, que a fecha de hoy es 10.829,50. También verás los números en forma de puntos y porcentajes que nos indican si el índice ha subido o bajado. Debajo del nivel está el marco temporal del gráfico, que suele ir desde un día (1D) hasta el máximo de años disponible, remontándose hasta cuando se estableció el Nasdaq y entró al mercado. Esto te da una idea general de cómo ha fluctuado el valor del Nasdaq en el día, semana, mes, año y más. Debajo del gráfico hay una serie de números que pueden variar ligeramente de acuerdo con la empresa de corretaje que utilices o el buscador, pero en general incluyen los puntos de apertura —es decir, el nivel del índice al inicio del horario de mercado tradicional de ese día—, los puntos más altos y bajos que alcanzó el índice ese día y su máximo y mínimo de cincuenta y dos semanas.

TÁCTICAS DE GUERRERA DE LA RIQUEZA: LOS PUNTOS VERSUS LOS PORCENTAJES DEL GRÁFICO DE ÍNDICES

Cuando escuches tus noticias favoritas o leas los titulares de los diarios, a menudo verás que los periodistas abren su segmento de finanzas mencionando si el Dow ha subido o bajado ese día o esa semana. Los gráficos de índices suelen analizarse utilizando un sistema de puntuación o uno de porcentajes. Los puntos y los porcentajes son medidas utilizadas para identificar cuánto ha bajado o subido el mercado en general en un día o una semana. A diario, los puntos en particular suelen fluctuar. Y para los inversores minoristas nuevos, como muchos de ustedes, oír que el Dow ha bajado 215 puntos puede sonar aterrador cuando en realidad hoy eso significa que solo ha bajado un 0,69 %. Los puntos se convierten básicamente en porcentajes para ayudar a poner las cifras en perspectiva. Son una misma cosa, así que, para mantener la calma en tu camino de guerrera de la riqueza, limítate a utilizar porcentajes para medir los índices.

INHALA, EXHALA: OBSERVA CÓMO RESPIRA EL MERCADO

El principal objetivo de revisar los tres principales gráficos de índices con regularidad es determinar cómo está funcionando el mercado o, como me gusta decir a mí, cómo está respirando. El mercado de valores inhala en los días verdes (cuando las acciones suben) y exhala en los rojos (cuando las acciones bajan). Familiarizarnos con estos movimientos y por qué se producen nos proporcionará conocimientos que tienen el potencial de ayudarnos a realizar movimientos equilibrados e informados, en lugar de dejar que nuestras emociones nos lleven a tomar decisiones precipitadas una vez que participemos de manera activa en el mercado —una reacción increíblemente común al entrar al mercado, que exploraremos en profundidad en el Paso 7—. Por ahora, conozcamos a los toros y los osos del asunto.

El toro de carga

En 1987, el mercado de valores cayó un 20 % en un solo día: fue la mayor caída jamás vista en un periodo de veinticuatro horas, y se produjo tras un año de auge económico. Como ocurrió un lunes, este día de la historia bursátil se conoció como el Lunes Negro. Inspirado por este colapso del mercado, un escultor italiano llamado Arturo Di Modica decidió esculpir un toro de 7100 libras y tres por cinco metros. Di Modica había llegado a Estados Unidos sin un centavo en 1970, y se sentía en deuda con el país porque aquí pudo labrarse una exitosa carrera como escultor. Cuando finalizó esta obra maestra en diciembre de 1989, que es el año en que el mercado recuperó los niveles anteriores al desplome, la cargó en un camión, se detuvo en la bolsa de Nueva York y, al más puro estilo del arte de guerrilla, dejó ilegalmente la escultura de bronce en la acera como regalo de Navidad a su nuevo país. La intención de Di Modica era inspirar a cada persona que se encontrara con el toro a que siguiera luchando en los tiempos difíciles posteriores al desplome de la bolsa en 1987. Dijo: «Mi punto era mostrar a la gente que si quieres hacer algo en un momento en que las cosas están muy mal, puedes hacerlo. Lo puedes hacer por tu cuenta. Mi punto era que debes ser fuerte».

El toro fue incautado temporalmente, pero ahora se ha convertido en un elemento fijo del centro financiero de Manhattan y en un icono de Wall Street que atrae a miles de turistas al día.

El uso de *bull* (toro) en referencia al mercado —en este caso la bolsa holandesa, que fue la primera del mundo, fundada en 1611, más de cien años antes del inicio de la bolsa estadounidense— surgió a principios del siglo XVIII y se utilizaba para referirse a una compra especulativa de una acción que se esperaba subiera de precio. Ahora bien, teniendo en cuenta el símbolo animal, el toro aspira y embiste levantando los cuernos y abriéndose paso a través de lo que se interponga en su camino, por lo que un *bull market* representa el movimiento alcista del mercado, y un inversor *bullish* (o **alcista**) es aquel que embiste con fe en que la tendencia alcista del mercado de valores continuará. Así, por ejemplo, si el S&P 500 ha subido un 20 % desde el mínimo más reciente, sin signos de retroceso, se considera un **mercado alcista** (*bull market*). Lo interesante es que, a diferencia del Dow, que sigue a treinta empresas, o del Nasdaq, que puede seguir a más de tres mil empresas, pero que en su mayoría pertenecen al sector tecnológico, el S&P 500 es el único índice que se utiliza para medir si estamos oficialmente en un mercado alcista o bajista, porque en él figuran las quinientas empresas más importantes de la economía estadounidense, por lo que es una instantánea mucho más amplia.

Los mercados alcistas son apasionantes porque los inversores ganan mucho dinero en todos los sectores, lo que se nota en el aumento del precio de las acciones y en el incremento porcentual del S&P 500. También son señal de una economía sana. El mercado alcista más largo de la historia duró once años y terminó cuando se produjo la pandemia de COVID-19 en 2020.

El oso intimidante

El oso se mantiene erguido, levanta las garras y exhala un rugido, haciendo que cualquier cosa que lo amenace se encoja, y así, representa el movimiento a la baja en el mercado, o un *bear market* (**mercado bajista**). Este término en inglés, basado en un proverbio que advierte que no debemos vender la piel del oso antes de haberlo cazado, también se empezó a utilizar a principios del siglo XVIII, antes de que el toro entrara en escena. Un inversor **bajista** (*bearish*) retrocede cuando cree que el mercado de valores está en una tendencia bajista y continuará por ese camino. Muchos factores pueden contribuir a una caída del mercado, como los cambios en el clima geopolítico, la escalada de ataques de Rusia a Ucrania que se convirtió en una guerra abierta o una crisis importante como la del COVID-19. Aunque no podemos determinar el tiempo que estaremos en un mercado bajista, sí podemos determinar su gravedad, que depende de lo bajo que caiga el mercado y de la rapidez con que lo haga.

La primera señal de un posible mercado bajista en el horizonte es una **corrección del mercado**. Esto ocurre cuando las ballenas, los tiburones y nosotros, los peces diminutos, creemos que un acontecimiento mundial o nacional (como una guerra o una pandemia) podría ser malo para la economía y empezamos a vender acciones de forma colectiva en una oleada, haciendo caer los precios de las acciones y provocando que el mercado baje más de un 10 % pero menos de un 20 %. Todavía no estamos en territorio bajista, porque el mercado aún tiene el potencial para recuperarse y subir de nuevo si los inversores deciden volver a comprar acciones. Como puedes ver, tenemos el poder colectivo de mover el mercado en una dirección u otra en función de nuestra sensación sobre la economía y la geopolítica. Una corrección es algo que en realidad deseamos que se produzca con más frecuencia de la deseada porque, como su nombre indica, corrige el mercado. En otras palabras, lo devuelve a niveles más bajos tras una tendencia alcista, lo equilibra y lo conserva sano. Es como respirar: no podemos solo inhalar o exhalar; necesitamos hacer ambas cosas para mantenernos vivos. Si el mercado de valores inhala continuamente y sube y sube, sin exhalación a la vista, podríamos empezar a dirigirnos hacia una burbuja bursátil.

Una **burbuja bursátil** se produce cuando las acciones suben exponencialmente de valor, en general en un breve periodo de tiempo, impulsadas por la especulación de los inversores. La burbuja que se muestra en la siguiente ilustración es la burbuja tecnológica de 1999, cuando cualquier empresa que tuviera un punto-com en su nombre era acaparada con frenesí por los inversores porque especulaban que era la próxima gran cosa en el mercado. Puedes verlo en el ascenso de la línea del gráfico, que se produjo a finales de la década de 1990. Muchas de estas empresas eran emergentes que no aportaban rentas y ni siquiera tenían un plan de negocio adecuado. Cuando los inversores empezaron a darse cuenta de esto, comenzaron a deshacerse de sus acciones. El flujo de dinero se secó, y estas empresas se hundieron de inmediato: la burbuja estalló, y provocó un colapso del mercado.

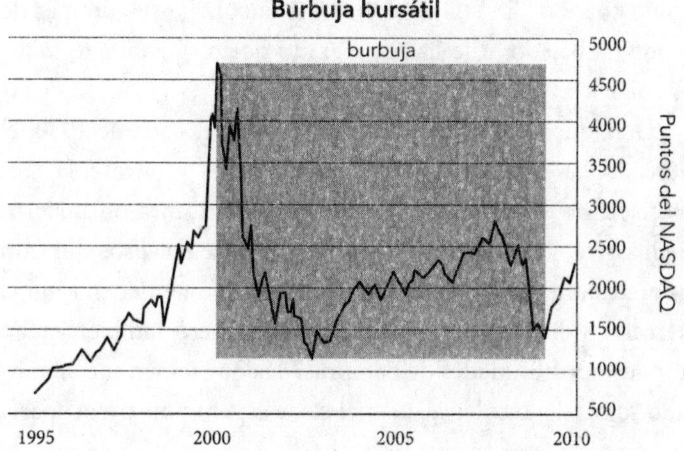

Un **colapso del mercado** se determina cuando el S&P 500, que como ya se ha mencionado es el índice que utilizamos para medir los mercados bajistas y alcistas, cae drásticamente, en general debido a un acontecimiento catastrófico importante o al colapso de una burbuja especulativa. Entre los colapsos más famosos se encuentran la Gran Depresión de 1929, el Lunes Negro de 1987, el estallido de la burbuja punto-com de 2001, la crisis financiera de 2008 y la pandemia de COVID-19 de 2020. El último colapso comenzó en enero de 2022. Esta repentina caída sirvió como indicio de que probablemente nos dirigíamos hacia un mercado bajista, en el que entramos oficialmente el 13 de junio de 2022 cuando el mercado cayó un 20 %.

Cuando el mercado mantiene un descenso del 20 % o más durante dos meses —en otras palabras, si un colapso persiste durante más de dos meses— pasamos de manera oficial de una corrección del mercado a un mercado bajista. Sé que puede sonar aterrador, pero es lo que hay: el mercado se desploma de vez en cuando. Sin embargo, históricamente ha subido más de lo que ha bajado, y se ha recuperado de absolutamente todos los colapsos.

Deja que te caiga ese veinte. Desde la década de 1950, el mercado ha sufrido veintiséis correcciones y once colapsos. Dieciséis de las veintiséis correcciones solo duraron un promedio de cincuenta días. Y diez de los once colapsos duraron un promedio de 391 días. Las correcciones mantienen sano el mercado y los colapsos son inevitables, pero también crean grandes oportunidades de compra. Más que temer que el mercado se corrija o colapse, lo cual es de esperar, me preocuparía más no participar en absoluto.

De todos los indicadores que utilizamos para medir la marcha de la economía —desde el mercado inmobiliario y laboral hasta los informes de inflación—, el mercado de valores suele ser el primero en caer, mostrando señales de que se avecinan problemas, y el primero en empezar a recuperarse. Esto se debe a que el mercado mira hacia el futuro. Los números no mienten. Los días entre correcciones o colapsos superan espectacularmente a los días de caída real del mercado. Por ejemplo, en 2008, el mercado alcanzó el territorio de mercado bajista durante la crisis financiera cuando el S&P 500 cayó un 48 % en seis meses. El fondo duró siete días, del 2 al 9 de marzo, y luego empezó a recuperarse. En otras palabras, el mercado empezó a recuperarse mucho antes que todo lo demás en la economía.

Las caídas del mercado pueden ser de corta o larga duración, pero siempre son temporales. Muchos de los inversores que estaban en el mercado durante el colapso de 2008 vendieron sus acciones y nunca volvieron, pero dos años después el mercado se recuperó totalmente, y desde entonces no ha dejado de subir (ve al gráfico del S&P 500 en línea y haz clic en «Max» para ver el gráfico de líneas que indica estos movimientos). En lugar de permitir que las caídas del mercado inciten al miedo y que el pánico nos impulse a vender nuestras acciones, las guerreras de la riqueza trabajamos para ser inversoras centradas, de modo que no permitiremos que nuestras emociones se interpongan en el camino de las grandes oportunidades.

Mi experiencia personal y la investigación sobre la historia del mercado durante estos últimos diez años me han enseñado que, al fin y al cabo, lo que realmente importa es el tiempo que pasas en el mercado. Si estás en él a largo plazo, resistir un mercado bajista es como capear una tormenta pasajera. El lado positivo es que también es un momento en el que puedes entrar en el mercado comprando acciones a un precio más bajo —es como obtener un descuento del 20 % o más—, ¡un paso que podría hacerte cosechar los frutos durante años! Saber todo esto te ayudará a navegar por los altibajos y los sobresaltos que sentirás cuando empieces a aprender a respirar en el mercado por ti misma. Solo recuerda: el sol volverá a salir, y con el tiempo, lo más probable es que acabes ganando más y perdiendo menos. Eso nos lleva al siguiente elemento clave que debemos definir al embarcarnos en este camino de creación de riqueza.

DETERMINA EL TIPO DE INVERSOR QUE QUIERES SER

Dos inversores con participaciones de la misma empresa pueden tener estrategias y plazos diametralmente opuestos. Esto no hace que una persona tenga razón y la otra esté equivocada;

solo significa que sus objetivos difieren. Para determinar en qué tipo de participante bursátil quieres convertirte, es importante comprender la diferencia entre un inversor bursátil y un agente bursátil.

Un **inversor bursátil** es una persona que compra acciones y las conserva a largo plazo con la expectativa de generar ganancias. Los inversores bursátiles suelen basarse en gran medida en un análisis fundamental de las acciones para decidir si una empresa concreta es una buena oportunidad de inversión. Un **análisis fundamental** utiliza datos como las rentas, las ganancias, el crecimiento futuro, la rentabilidad de los fondos propios, los márgenes de ganancia y otros para determinar el valor de una empresa y su potencial crecimiento a futuro. Entraremos en más detalles sobre este análisis en el próximo capítulo.

Un **agente bursátil** es un inversor que compra y mantiene acciones a corto plazo: desde minutos hasta días, semanas o meses. El agente depende del análisis técnico para determinar si compra o vende sus acciones. El **análisis técnico** es el uso de datos históricos del mercado —como el precio de una acción y el volumen, es decir, la cantidad de personas que compran o venden participaciones de una acción en particular en un momento dado— para analizar los gráficos bursátiles y predecir hacia dónde se dirige el precio de una acción, de modo que el agente pueda vender sus acciones y obtener ganancias. Dado que sus inversiones son principalmente a corto plazo, los agentes bursátiles suelen tener un interés mínimo en los fundamentos de una empresa. En resumen, ser agente es un trabajo a tiempo completo, y uno de los más estresantes.

Si habláramos de bienes inmuebles, un inversor sería alguien que compra una propiedad y la conserva a largo plazo, mientras que un agente renovaría y vendería la propiedad para obtener ganancias y solo la poseería durante un breve periodo de tiempo. No estamos aquí para eso. No estamos renunciando a nuestros trabajos para convertirnos en agentes bursátiles; estamos entrando en el mercado y aprendiendo a utilizarlo para crear riqueza a largo plazo para nosotros y nuestras futuras generaciones.

TÁCTICAS DE GUERRERA DE LA RIQUEZA: INVERSIONES A LARGO PLAZO FRENTE A INVERSIONES A CORTO PLAZO

Una **inversión a largo plazo** se mantiene durante un año o más, mientras que una **inversión a corto plazo** se mantiene durante menos de un año. Las inversiones a corto y largo plazo se marcan en tu cuenta de corretaje en el momento en que se venden las acciones. En otras palabras, tu empresa de corretaje calculará y hará un seguimiento de si tus inversiones fueron a corto o largo plazo, fijándose en el momento de la venta de tus acciones. El panel de control en línea de tu empresa de corretaje contiene un documento que enumera las ventas de tus activos y otras transacciones a lo largo del año, que puedes descargar y revisar.

Por lo general, los inversores a largo plazo no se limitan a mantener sus activos durante un año, sino que pretenden conservarlos sin retirarlos durante un tiempo más largo, a menudo más de diez o veinte años. En el idioma bursátil, esto se denomina horizonte de inversión a largo plazo. Cualquier activo mantenido durante menos de cinco años es lo que conocemos como horizonte de inversión a corto plazo. Un inversor con un horizonte a largo plazo está motivado por el crecimiento potencial que puede producirse con el tiempo y está menos preocupado por lo que puede pasar en el corto plazo. Su meta es hacer DINERO al darle el tiempo que necesita para crecer. Cuanto más tiempo esté una inversión en el mercado, más dinero puedes ganar potencialmente y menos arriesgada será tu inversión.

FIJA UN HORIZONTE TEMPORAL

Un **horizonte temporal** es el tiempo que un inversor espera invertir en un activo antes de retirarlo. Identificar nuestro horizonte temporal al realizar una inversión ayuda a navegar por las emociones que podemos sentir durante periodos económicos volátiles.

La economía no es un lago plácido; cambiará todo el tiempo, pero con un horizonte a largo plazo, tienes la libertad de no preocuparte por los altibajos del mercado a corto plazo. Aun así, como novata, es probable que experimentes palpitaciones impulsadas por el pánico cuando la economía dé un giro a peor. No pasa nada. Cuando eso ocurra, recuerda que estas caídas del mercado bursátil son breves en comparación con el resto de su cronología. Una vez que hayas recordado este dato clave, refuerza tu convicción de que tanto tú como la empresa en la que inviertes están comprometidos a largo plazo, a menos que algo cambie en la empresa y te indique que debes abandonar la inversión, a lo que nos referiremos en el Paso 5. Dentro de todo, esta es una situación en la que se gana sin prisa pero sin pausa.

Entonces, ¿qué significa, en cuanto a tiempo, el **horizonte a**

largo plazo? Me gustaría que te comprometieras con tus acciones durante al menos entre cinco y diez años. La intención aquí es darte el espacio para desarrollar tu inversor interior mientras aprovechas el poder del tiempo. Tomemos como ejemplo al renombrado oráculo de las finanzas Warren Buffett. Apenas unos meses después del colapso del mercado del Lunes Negro de 1987, Buffett invirtió en acciones de Coca-Cola, que entonces costaban $2,45 por acción. Ha conservado esas acciones durante treinta y cinco años. Mientras escribo esto, cada acción ahora vale $63. Posee cuatrocientos millones de acciones, nunca ha vendido ni una sola en todo ese tiempo y ha dicho que tampoco tiene planes de venderlas en un futuro próximo: el epítome de un horizonte de inversión a largo plazo. Los acontecimientos económicos volátiles han ido y venido desde su compra inicial, pero el paso del tiempo ha supuesto una exposición mínima al riesgo en comparación con las inversiones con **horizontes a corto plazo**, que están más expuestas a lo que ocurre en la economía y el mercado actual. En este momento, la inversión de Buffet en Coca-Cola le ha dado $24,2 mil millones solo en ganancias; esta cifra no incluye el dinero que utilizó para invertir en sus participaciones. Mira, no hay garantías de que Coca-Cola se mantenga por encima de los $2,45 para siempre; algún día podría ser desbancada por otra empresa de bebidas, lo que podría hacer caer las acciones. Otra ventaja de este tipo de inversión a largo plazo es que, si las acciones empeoran, el inversor empezará a ver las señales (de las que hablaremos en el Paso 5) y tendrá la oportunidad de vender su posición antes de que sus ganancias se conviertan en grandes pérdidas. En resumen, más tiempo equivale a menos riesgo.

Recuerdo claramente una reunión de empleados de Netflix en la que el CEO Reed Hastings dijo que no se trata de lo que ocurre ahora, sino de lo que ocurrirá dentro de veinte años. Se refería a las operaciones y la visión de crecimiento de Netflix. Este es el tipo de pensamiento expansivo que te servirá a la hora de entrar al mercado.

En aquel momento, yo creía que en unos diez años Netflix sería una empresa mucho más madura que lideraría una revolución en el mundo del *streaming*. Además, al ritmo al que crecía el mercado de valores por aquel entonces, también confiaba en que diez años sería el tiempo adecuado para acumular la riqueza que necesitaba para comprar una casa, que era la intención monetaria que me había marcado cuando decidí entrar al mercado. Y estaba decidida a cumplir este plan pasara lo que pasara, a menos que alcanzara esta meta antes, por supuesto. Lo que no sabía era que, en otras palabras, me estaba comprometiendo con un horizonte temporal a largo plazo de diez años con mis acciones de Netflix.

Mientras tanto, tuve que gestionar mi paciencia y mantener en el primer plano de mi mente las razones por las que Netflix me parecía una inversión tan importante. Me recordaba a mí misma la disrupción que la empresa ya había creado desde su creación y el potencial que aún tenía para cambiar la forma en que consumimos los medios de comunicación. Tener este tipo de exposición a la tecnología y llegar a formar parte de su equipo de operaciones realmente influyó en el tipo de inversora que soy hoy. Busco la disrupción y empresas que resuelvan los retos actuales que vivimos en el mundo.

La cuestión es que, en el mundo actual de gratificación instantánea, tener paciencia para esperar uno, cinco o diez años puede parecer casi imposible. Cuando inviertes en acciones, también tienes un botón de venta mirándote fijo, tentándote a pulsarlo cada vez que tu dinero crece o notas vacilaciones en tus ganancias. Por eso, desvincular tus emociones de tu dinero e invertir solo lo que puedas perder te permitirá navegar por los altibajos del mercado sin tomar decisiones precipitadas y emocionales a corto plazo en detrimento de tu horizonte a largo plazo.

Crecí con cambios constantes en mi vida, por lo que la sensación de estabilidad me resultaba casi chirriante. Cuando empecé a invertir, me di cuenta de que cada vez que mis acciones se topaban con un obstáculo, se estancaban o retrocedían, alimentaban esa voz en mi mente que me empujaba a salir de ahí cuanto antes. El sistema de activación reticular en acción. Tuve que enfrentarme a esa voz y decirle: «Déjame en paz». Pero solo pude hacer eso porque había investigado y tenía un plan. Ese plan, seguir con Netflix durante diez años, era el que iba a seguir y al que le sacaría ganancias. Ahí fue donde comencé a respetar el tiempo y a aceptar la idea de que en la vida no todo ocurre de inmediato. Me relajé lo suficiente para no enfocarme en el mercado con la misma intensidad que al principio de mi camino, porque puede llegar a consumirte, y eso puede ser súper agotador y poco saludable. La investigación diligente es buena, pero preocuparse por el mercado a cada hora no lo es. Aprendí a dejar que mi inversión hiciera lo suyo, a seguir la corriente y a respirar.

Han pasado diez años desde que entré al mercado de valores, y me sorprende cómo esta decisión cambió el curso de mi vida. Hoy, pienso en el tiempo en el mercado como el tiempo que debes dedicar a algo que realmente quieres dominar. Mereces moverte con confianza en este espacio, asumir riesgos calculados que den sus frutos y mantener el rumbo cuando las cosas se pongan desalentadoras. Dentro de diez años, la montaña rusa del mercado de valores será una montaña rusa con giros y vueltas familiares. Hasta entonces, el tiempo y la paciencia son la clave mientras tu dinero trabaja duro para ti. Prepárate para la batalla, guerrera de la riqueza: es hora de elegir esas acciones y entrar en este territorio de una vez por todas.

PASO 5

SELECCIÓN DE ACCIONES: INVIERTE EN LO QUE CONOCES

Si no consigues pesos, ¿qué estás haciendo?
Apílalos como Legos. Quiero dinero.
—*Jennifer López*

Invertir en el mercado de valores es uno de los mayores actos revolucionarios en los que podemos participar como comunidades latinas, no solo para construir nuestra riqueza, sino para incitar al cambio. Escucha esto: según la Reserva Federal, en 2021 el 10 % más rico de los estadounidenses poseía la cifra récord del 89 % de todas las acciones de Estados Unidos. Estos son los poseedores a los que nos enfrentamos. Si queremos mejores empresas que ofrezcan salarios más altos e igualdad de oportunidades, no solo tenemos que crear este tipo de empresas, sino también convertirnos en accionistas y partidarios de las que ya existen.

Elegir bien nuestras acciones es nuestra oportunidad no solo para construir nuestro patrimonio y crecer en el mercado de valores, sino también para poner nuestro dinero donde importa. Al comprar y vender acciones, los accionistas tienen esencialmente el poder de votar sobre las decisiones que se toman en las empresas. Y es cierto: las empresas suelen preocuparse por sus inversores más que por cualquier otra cosa, porque son ellos quienes determinan el valor de la empresa. Si una empresa decepciona a sus accionistas, estos pueden decidir vender sus acciones, lo que reducirá por defecto el valor de la empresa. Además, los accionistas son los primeros en ver las señales de que una empresa es, digamos, incapaz de mantenerse. Los consumidores no suelen prestar atención a lo que hace una empresa en el ámbito financiero, como cuáles son sus ganancias, cómo encuentra soluciones a los problemas operativos, etc. Los accionistas y los inversores privados prestan atención porque su dinero depende de la buena salud de la empresa. Y por eso también tienen voto en algunas de estas decisiones. Teniendo esto en cuenta, imagina que la mayoría de los inversores de una empresa fueran personas latinas y de color. Imagina la cantidad de poder de votación que tendríamos dentro de una empresa. Esto significaría que cuando viéramos algo que no está alineado con nuestros valores personales, tendríamos la voz y los medios para señalar que se necesita un cambio, e impulsar ese cambio aumentando nuestra riqueza financiera y espiritual.

INVIERTE EN LO QUE CONOCES

Una vez oí decir a Warren Buffett que poseer acciones en el mercado de valores es como poseer un trozo de Estados Unidos.

Como si eso no fuera suficiente motivación, tenemos derecho a participar y está a disposición de todos. El mercado de valores es un lugar donde los precios de los bienes y servicios se determinan por la oferta y la demanda creadas exclusivamente por compradores y vendedores. Si volvemos al ejemplo del supermercado, el Gobierno no tiene derecho a dictar qué marca de frijoles decidimos comprar; tenemos opciones, y si no encontramos la marca que queremos en un súper, tenemos derecho a buscarla en otro. Aunque sabía y comprendía esto cuando empecé a comprar acciones, me seguía costando creer que invertir era una opción para mí. Creer que tenía que guardar todo mi dinero en un fondo de emergencia casi me impidió pasarlo a mi cuenta de corretaje. El hecho de no ser blanca, con el pelo rubio y los ojos azules, de no tener un título en finanzas, de sentir que no pertenecía, casi me impidió exigir un lugar en este terreno abundante. El miedo a perder todo mi dinero casi me impidió comprar mis primeras acciones. Pero como inversora, aprendí a fijarme en lo que consumía para identificar mi derecho a participar en el mercado. Para redoblar tus convicciones y anular el ruido interior y exterior, es esencial invertir en lo que conoces. Y todo lo que hace falta es echar un vistazo rápido a tu alrededor.

Empieza por prestar atención a tu rutina diaria. Digamos que te levantas con la alarma de tu iPhone de Apple y te pones tu ropa Nike para hacer un corto entrenamiento gratuito en YouTube. Luego sales por la puerta, te tomas un cafecito en Starbucks y te detienes en Target para comprar algunos artículos de primera necesidad antes de volver a casa para un día de llamadas interminables en Zoom o Google Meet a través de tu MacBook mientras transmites tu lista de canciones favoritas en Spotify. Antes de que acabe el día, revisas tu Microsoft Outlook en busca de correos pendientes y abres tus documentos de Microsoft 365

Word o Excel para meter la información necesaria en el informe de mañana. Por último, después de poner los platos sucios de la cena en el lavavajillas que compraste en Home Depot, te relajas por la noche viendo tu serie favorita en Netflix o eliges una película para toda la familia en Disney+. Todo lo que utilizas ha sido producido por una empresa. Y cada una de estas empresas gana dinero de tu consumo. Es más, si buscas tus marcas favoritas de aparatos electrónicos, aparatos de gimnasia, electrodomésticos, etc., descubrirás que muchas de ellas son producidas por empresas que cotizan en bolsa.

Una parte importante de la inversión es comprender la empresa en la que inviertes. De ninguna manera debes invertir en Apple, Starbucks, Microsoft, Disney y Netflix al mismo tiempo al inicio. Pero ya tienes una ventaja con los productos que consumes habitualmente y con los que estás familiarizada: esa es una plataforma de lanzamiento automática para elegir en qué acciones empezar a invertir. Toma un cuaderno o abre tu aplicación de notas y empieza a hacer una lista de todas las marcas que te gustan y utilizas a diario. Luego reduce esa lista inicial buscándolas en Internet para ver si son empresas privadas o cotizadas en bolsa. Recuerda: solo las empresas que cotizan en bolsa tienen acciones disponibles para su compra en el mercado. Una vez que tengas una lista de empresas que cotizan en bolsa y que fabrican los productos que utilizas, es hora de que te familiarices con la parte comercial de la empresa y con la persona que la dirige y sus planes para el futuro de la empresa dentro de diez o veinte años.

En el verano de 1937, cuando Warren Buffett, que ahora tiene un **patrimonio neto** de más de $96 000 millones, solo tenía siete años, empezó a observar cómo todas las tardes, como un reloj, la gente salía al jardín para refrescarse del calor del día. En aquella época, el aire acondicionado aún no existía. A este niño se le encendió una lamparita: quizá podría vender gaseosas frías a sus vecinos, que ansiaban cualquier cosa que pudiera refrescar sus cuerpos agotados por el calor. En primer lugar, recogió las tapitas de las botellas que se amontonaban en el fondo de los abridores montados en los refrigeradores de refrescos de las gasolineras locales. Pasó semanas reuniendo estas tapitas y, tras clasificarlas, descubrió que las ventas de Coca-Cola en su ciudad natal superaban con creces las de cualquier otra gaseosa. Este fue su estudio de mercado. El abuelo de Buffett tenía una tienda de comestibles, así que negociaron la compra de Coca-Cola. Buffett empezó a vender la gaseosa a sus vecinos y creó un negocio bastante rentable. Cuando tenía once años, en 1941 —y gracias al apoyo de un comportamiento modélico de su papá, que tenía una empresa de corretaje, y de su abuelo, que tenía su propio negocio—, Buffett había comprado sus tres primeras participaciones en el mercado de valores, pero no de Coca-Cola, que se había convertido en una empresa cotizada en 1919. Buffett no se convirtió en inversor de Coca-Cola hasta 1988, y aún bromea sobre no haber invertido antes en esta empresa que conocía tan bien.

Como demostró Buffett con solo siete años, no hace falta ser un experto para ver las tendencias que se producen en la vida cotidiana. También nos mostró que cuando tenemos un presentimiento de qué comprar desde el principio, no debemos ignorar esa sensación: probablemente podría haber ganado millones más si hubiera empezado a comprar acciones de Coca-Cola antes de 1988. Aun así, si tardas más tiempo en llegar a ese punto de compra, también está bien; mira, yo tardé treinta y dos años para entrar al mercado, y no me avergüenza decirlo. Todo esto viene a demostrar que el camino hacia la creación de riqueza de cada persona será diferente. Por esa razón, no estoy aquí para repartir

acción. En este caso, escribe «gráfico bursátil de Apple» en la barra de búsqueda. La información que ves en la página la recoge Google Finance. Lo primero que verás en la parte superior es el nombre completo de la empresa —en este caso, Apple Inc.— junto con su reconocido logotipo, que te asegurará que se trata efectivamente de la empresa que quieres investigar. Bajo el nombre de la empresa, verás «NASDAQ: AAPL». Esto significa que Apple pertenece al índice Nasdaq, y AAPL es su símbolo. Un **símbolo bursátil** es una serie única de tres a cinco letras que se asigna a una empresa que cotiza en bolsa para que se puedan negociar sus acciones en bolsa, de forma similar a cuando un cajero marca un código en la caja registradora del supermercado para identificar los productos frescos. Los símbolos bursátiles se utilizan para buscar empresas y comprar o vender acciones, o simplemente para consultar sus gráficos.

Junto al nombre y el símbolo de la empresa, verás «Overview» (visión general), «News» (noticias), «Compare» (comparar) y «Financials» (datos financieros). Nos enfocaremos en la visión general de la empresa, pero si haces clic en «News», obtendrás noticias actuales sobre la empresa; si vas a «Compare», obtendrás una lista de otras empresas que cotizan en bolsa del mismo sector o de sectores estrechamente relacionados con las que puedes comparar a Apple; y si pulsas «Financials», tendrás acceso a la información financiera de la empresa.

Un **gráfico bursátil** sigue la cotización de una acción a lo largo de un determinado periodo. El número grande sobre el gráfico es el precio actual de la acción. El día y la hora en que consulté el gráfico de acciones de Apple para este ejemplo, cotizaba a 138,88 USD, es decir, $138,88. El precio aparecerá en rojo cuando esté bajando activamente desde un precio más alto y en verde cuando esté subiendo activamente; si no hay movimiento, permanecerá en negro. Justo debajo del precio hay una cifra y un porcentaje entre paréntesis, seguidos de una flecha y la palabra «today» (hoy). Esto indica el cambio en el precio y el porcentaje del día. En este día, la acción ha bajado $6,15, es decir, un 4,24 %. Si consultas un gráfico después de que haya cerrado el mercado, la información sobre el precio que verás en esta zona del gráfico reflejará el precio y el porcentaje del día anterior.

El gráfico en sí se llama gráfico lineal bursátil, y sigue los niveles de precios de las acciones a lo largo de momentos en el tiempo. Está formado por una serie de puntos de datos llamados marcadores, que están conectados por segmentos rectilíneos. El rango de precios está en el eje vertical, y la hora del día está en el eje horizontal. La línea de puntos en el centro del gráfico nos muestra dónde cerró la acción el día anterior, en este caso, $145,03. Al igual que los gráficos de índices, los gráficos bursátiles también muestran el marco temporal en la parte superior. Digamos que quieres ver cómo se ha comportado Apple más allá de las últimas veinticuatro horas. Basta con que hagas clic en «5D», «1M», «6M», «YTD», «1Y» o «5Y» para comprobar cómo le fue la semana, los meses y los años anteriores. Si haces clic en «Max», podrás ver su rendimiento general a lo largo de su vida desde el momento en que entró en bolsa. Para cada marco temporal, si colocas el cursor o el dedo sobre el gráfico y lo mueves a la izquierda o a la derecha, verás los precios de venta exactos y la fecha y hora en que la acción alcanzó cada precio de venta.

El día que consulté el gráfico de las acciones de Apple para este ejemplo, sus acciones habían subido $95,21 (218,02 %) en el plazo de cinco años. Basándonos en el porcentaje, esto significa que si hubieras invertido en Apple hace cinco años, ¡tu dinero habría duplicado su valor! ¿Qué cuenta de ahorro te daría ese tipo de rendimiento por tu dinero? Espera: no estoy diciendo que debas sacar todo tu dinero de la cuenta de ahorros e invertirlo en el mercado. Eso desafiaría la regla de invertir solo lo que puedas perder. Lo único que quiero es que veas la importancia de tener las herramientas para entender el mercado mientras participas en este tipo de inversión. Además, estas cifras ponen de relieve el tipo de crecimiento que puede ocurrir para los inversores a largo plazo cuando somos pacientes y permitimos que las acciones suban.

Quiero que te tomes ahora un breve descanso para digerir con cuidado lo que has leído hasta aquí, hasta que pase de parecerte extraño a resultarte familiar e inspirador. Es como cuando nos mudamos a un barrio nuevo y entramos por primera vez en el supermercado local: no tenemos ni idea de dónde están nuestros artículos favoritos, así que necesitamos tiempo y unas cuantas visitas para orientarnos, pero también es emocionante explorar este nuevo lugar. Con el tiempo, aprenderemos a movernos por esos pasillos como si siempre hubiéramos estado allí. Eso es lo que ocurrirá también en el mercado de valores. Como he dicho antes y seguiré recordándote, sé paciente y compasiva contigo misma. Lleva tiempo, pero lo conseguirás. Bueno pues, ¿estás lista? Sigamos adelante para aprender la otra información más técnica que se encuentra debajo del gráfico bursátil.

Capitalización bursátil

La capitalización bursátil, como hemos visto en capítulos anteriores, se refiere al valor total de las acciones de una empresa. Se calcula multiplicando el número total de acciones por el precio actual de la acción. Por ejemplo, una empresa con veinte millones de acciones que se venden a $100 cada una tiene una capitalización bursátil de $2000 millones. Este dato ya está calculado para nosotros y aparece como referencia rápida junto al título «Mkt cap» debajo del gráfico de líneas de la acción. Ten en cuenta que esta cifra cambia cuando aumenta o disminuye el precio de las acciones de la empresa. La última vez que me fijé mientras escribía estas páginas, la capitalización bursátil de Apple era de 2,21T ($2,21 billones). Nos fijamos en esta cifra para identificar si la acción que nos interesa es de gran capitalización, de capitalización media o de capitalización pequeña.

√ *Las acciones de gran capitalización* son empresas con una capitalización bursátil de $10 000 millones o más. Se consideran inversiones más seguras por su reputación y su capacidad de crecimiento sostenido. La mayoría de las acciones de primera categoría son de gran capitalización. (Consulta el Paso 3, páginas 101-120, para un repaso de las categorías de acciones).

√ *Las acciones de capitalización media* son empresas con una capitalización bursátil de entre $2000 millones y $10 000 millones. Se consideran una inversión más arriesgada, pero tienen potencial y margen de crecimiento futuro. Las empresas con capitalización media quizá no sean los líderes de su industria, pero pueden estar trabajando para alcanzar ese estatus.

√ *Las acciones de capitalización pequeña* son empresas con una capitalización bursátil de entre $300 millones y $2000 millones y se consideran las inversiones más arriesgadas de todas porque su longevidad y rentabilidad no están tan establecidas.

Cuando identifiques las acciones en las que quieres invertir, es importante que tengas en cuenta cuál es su capitalización bursátil y qué lugar ocupan en estas categorías. Es uno de los datos que te ayudarán a comprender qué tipo de inversión tienes si eres un inversor activo —cuando tienes una acción en tu cartera, sueles ser un inversor a largo plazo— o qué tipo de inversión quieres tener potencialmente si eres un inversor nuevo. Piénsalo de este modo: cuanta más gente consume un producto, más seguro es el mercado de valores. Por eso Nike es más estable que Lululemon, por ejemplo. Como nueva inversora guerrera de la riqueza, querrás invertir en empresas que sean menos volátiles, empresas que te proporcionen algún tipo de estabilidad en su fluctuación de precios y en sus ganancias.

Relación precio-ganancia

La **relación precio-ganancia (P/E,** por sus siglas en inglés) es una de las maneras más fundamentales de evaluar el valor de una empresa que cotiza en bolsa, tanto para los seguidores de la vieja escuela de Wall Street como para los inversores en valor, que se centran en elegir acciones que cotizan por debajo de su valor contable, que es la diferencia neta entre el total de activos y el total de pasivos. Este dato se calcula dividiendo el precio actual de las acciones de la empresa entre sus ganancias actuales por acción. (Para más información sobre las ganancias por acción, consulta las páginas 101-120).

En general, la relación precio-ganancia se mide con respecto al S&P 500. La relación promedio del S&P 500 es de 15, un punto de referencia histórico para muchos inversores en valor. Si una empresa tiene una P/E de 15, significa que cotiza a 15 veces sus beneficios por acción. Una P/E de 15 o menos se considera un precio de las acciones barato o poco costoso. Si la relación P/E es alta, el precio de la acción se considera caro. Sin embargo, no todas las empresas con una P/E baja son una buena inversión, ni todas las empresas con una P/E alta son una mala inversión. Muchos inversores en valor no invertirán en acciones con una relación precio-ganancia elevada, que para algunos puede equivaler a 15 o más, pero para otros puede significar 20 o más, mientras que otros inversores consideran que las relaciones precio-ganancia son una métrica anticuada. Curiosamente, empresas como Google, Amazon, Tesla y Netflix, por nombrar algunas, tenían unas P/E increíblemente altas, lo que mantuvo a muchos inversores alejados de la compra de estas acciones e hizo que se perdieran increíbles inversiones de alto rendimiento.

Este dato puede ser bastante delicado: nunca debe ser el único dato que tengas en cuenta al tomar una decisión sobre una inversión, pero es importante que conozcamos la relación precio-ganancia de nuestras acciones y comprendamos lo que significa.

Dividendos

Si la empresa paga dividendos (ver el Paso 3, páginas 101-120, para un repaso de las acciones con dividendos), entonces el gráfico bursátil te dará un rendimiento de dividendos («Div yield»). Si no, esa zona permanecerá en blanco. El **rendimiento de dividendos** es la relación entre el precio actual de la acción y el importe total de los dividendos del último año. En otras palabras, es el porcentaje que se paga como dividendo en función del precio de la acción. El rendimiento de dividendos actual de Apple es del 0,66 %. Esto te da una idea de cuánto puedes ganar con una acción concreta. Es estupendo encontrar empresas que tengan un rendimiento de dividendos alto si esto forma parte de tu estrategia de inversión, pero es importante tener en cuenta que un alto rendimiento de dividendos no siempre es una buena señal, ya que podría significar que el precio de la acción ha bajado de forma significativa. Recuerda echar un vistazo a lo que ocurre con la empresa en general para ver dónde deberías invertir tu dinero.

La puntuación CDP

La **puntuación CDP** la otorga a las empresas una organización sin fines de lucro (antes conocida como Proyecto de Divulgación del Carbono) que evalúa y divulga su impacto medioambiental. Al darles una puntuación a las empresas según una escala normalizada, pretende prevenir el peligroso cambio climático y los daños medioambientales informando a los inversores sobre cómo afectan al medio ambiente las empresas que cotizan en bolsa. Se basa en una evaluación de la información que las empresas divulgan voluntariamente. Al igual que las calificaciones escolares estadounidenses, la puntuación va de la A a la F, donde la A es la mejor puntuación. Esto nos permite a los inversores elegir empresas que coincidan con nuestras convicciones sobre la protección del medio ambiente. Siguiendo con nuestro ejemplo de Apple, en la actualidad tiene una puntuación de A-menos.

El máximo y mínimo de cincuenta y dos semanas

El **máximo de cincuenta y dos semanas** («52-wk high» en el gráfico bursátil) indica el precio de venta más alto que ha alcanzado y al que ha cerrado la acción en las últimas cincuenta y dos semanas, mientras que el **mínimo de cincuenta y dos semanas** («52-wk low») indica el punto de precio más bajo que ha alcanzado y al que ha cerrado la acción en las últimas cincuenta y dos semanas. El máximo y el mínimo de cincuenta y dos semanas pueden ayudarnos a identificar buenas oportunidades de compra, por ejemplo, si el precio actual de una acción está más cerca del mínimo.

Aprender a leer gráficos bursátiles te ayudará a ver la empresa que estás investigando de un modo más técnico. También te hará sentir más segura cuando consultes un gráfico, porque sabrás qué significa realmente toda esa jerga bursátil. El conocimiento es poder. No obstante, ten en cuenta que algunas de las cifras más detalladas que aparecen en estos gráficos, como la P/E y la capitalización bursátil, no deben ser tus principales puntos de referencia como nueva inversora a la hora de decidir si una empresa merece tu dinero. Te insto a que hagas siempre tus deberes y reúnas toda la información que puedas sobre tus posibles inversiones, más allá de la información que ahora sabes interpretar de un gráfico bursátil. Esa es solo la punta del iceberg. Investiga los productos de una empresa (con los que ya estarás familiarizada si eliges una empresa que produce artículos que utilizas), las tendencias, el CEO y, aún más importante, los estados financieros, que te enseñaré a interpretar a continuación. Estos estados te permitirán saber si una empresa puede mantenerse a nivel económico, así que asegúrate de no saltarte este paso; debería ser tu pan de cada día a la hora de elegir con responsabilidad tus acciones.

LEE LOS ESTADOS FINANCIEROS

Por ley, en Estados Unidos, las empresas que cotizan en bolsa están obligadas a informar sobre sus estados financieros. Esta ley está regulada por la SEC.

Existe un informe anual conocido como 10-K, así como un informe trimestral conocido como 10-Q. El informe 10-K proporciona información financiera exhaustiva que ha sido auditada. El informe 10-Q proporciona información financiera no auditada que está en curso, junto con actualizaciones de la empresa.

Los inversores suelen enfocarse en los informes financieros trimestrales, ya que nos informan acerca de lo que ocurre con las empresas que cotizan en bolsa a lo largo del año. Cada año tiene cuatro trimestres y, por tanto, los informes se hacen públicos cuatro veces al año, y son conocidos como **temporadas de resultados**. En general, la temporada de resultados comienza una o dos semanas después del último mes de cada trimestre. Así, el primer trimestre (Q1, por sus siglas en inglés) va de enero a marzo, y la temporada de resultados del Q1 comienza a principios o mediados de abril. El segundo trimestre va de abril a junio, y la temporada de resultados del Q2 comienza a principios o mediados de julio. El Q3 va de julio a septiembre, y la temporada de resultados comienza a principios o mediados de octubre. El cuarto trimestre va de octubre a diciembre, y la temporada de resultados del Q4 comienza a principios o mediados de enero.

Los informes 10-K y 10-Q se dividen en tres secciones, que se denominan estados financieros: una hoja de balance, un estado de ingresos y un estado de flujo de caja. Son informes contables que resumen la actividad que lleva a cabo la empresa cada trimestre. Por lo tanto, mientras mirar los gráficos bursátiles es más un análisis técnico para ver cómo se comporta una acción día a día, revisar estos tres estados financieros te ayudará a evaluar el análisis fundamental de la empresa, que es como mirar el currículum de una empresa.

La hoja de balance

La **hoja de balance** es el estado financiero que más vamos a analizar, ya que contiene información de alto nivel que puede proporcionarnos indicadores clave a la hora de evaluar posibles inversiones. Nos muestra la solidez financiera de la empresa y nos brinda una instantánea de sus activos y pasivos, así como del patrimonio neto, en un momento dado. Por ejemplo, si consultaras tu cuenta bancaria y las transacciones de tu tarjeta de crédito a la fecha de hoy, verías cifras concretas relativas a la actividad actual de tus cuentas. En tus cuentas de ahorro y corriente, encontrarías partidas en las que el dinero sale de tu cuenta y partidas en las que el dinero entra en tu cuenta. En el estado de tu tarjeta de crédito, encontrarás partidas que reflejan tus gastos y cuánto dinero debes. Esto es similar a lo que revisaremos al mirar una hoja de balance; es una instantánea del dinero que entra y sale de la empresa. Ten en cuenta que las hojas de balance tendrán un aspecto diferente de una empresa a otra, ya que los matices en las partidas individuales pertenecen al tipo de negocio al que se dedican. Por ejemplo, el inventario de Starbucks será diferente del inventario de Apple.

La hoja de balance brinda información sobre lo que posee una empresa, cuánto debe y cómo se ha financiado. Representa una ecuación contable (Activo = Pasivo + Patrimonio neto) a través de los datos que proporciona, que deben equilibrarse literalmente, o ser iguales, de ahí el nombre *hoja de balance.*

Hay varios sitios donde puedes acceder a los estados financieros de una empresa. Aunque me gusta utilizar Google Finance para una búsqueda rápida de los gráficos y un fácil acceso a la información en la parte inferior de los gráficos, que ya hemos revisado anteriormente, prefiero Yahoo! Finanzas para la información fundamental. Dicho esto, es importante que no te sientas abrumada por la sobrecarga de información que proporciona el sitio web, por lo que mantendré la explicación a nivel de principiantes y cubriré solo la información esencial que necesitas por ahora.

Introduce el símbolo bursátil que quieras investigar en Yahoo! Finanzas y verás el perfil de la empresa. Haz clic en «Financieros», que es una de las pestañas del menú justo encima del gráfico bursátil. Esto te llevará a los datos financieros de la empresa. Ahora haz clic en «Balance». En la esquina superior derecha, encima del balance, tienes la opción de consultar los informes trimestrales o anuales. Haz clic en «Anual». Esto es muy útil cuando investigas una empresa por primera vez, antes de comprar las acciones, porque te dará una instantánea de los últimos cuatro años de la empresa. También se trata de una instantánea auditada, por lo que es bueno mirarla primero al valorar si se trata de una empresa en la que quieres invertir. Una vez que te conviertas en una accionista, consultar los informes trimestrales para obtener información continua será más beneficioso que leer los informes anuales. Como recordatorio, el precio de las acciones realizará la mayoría de sus movimientos drásticos, ya sea al alza o a la baja, cuando se publiquen los informes trimestrales, a menos que haya alguna gran noticia sobre la empresa, que también puede ser un **catalizador** del movimiento en el precio de las acciones.

La hoja de balance se divide en cinco secciones: activos corrientes, activos no corrientes (activo a largo plazo), pasivos corrientes, pasivos no corrientes (pasivo a largo plazo) y patrimonio de los accionistas. Ten en cuenta que todas las cifras están escaladas por miles, lo que significa que, aunque parezca que las cifras están en millones, en realidad están en miles de millones. En otras palabras, suma tres ceros para obtener el valor real. Vamos a desglosar las secciones para ayudarte a identificar los factores clave que indican cómo va una empresa.

En primer lugar, están los activos totales. Los activos son todo lo que posee una empresa que tiene valor monetario y se utiliza para generar beneficios. Los activos totales, que incluyen activos corrientes y activos no corrientes, son el importe total de ese valor monetario. Los activos siempre se enumeran por orden de liquidez. La liquidez es el efectivo directo disponible. El orden de liquidez es la rapidez con que la empresa puede acceder a su efectivo: algunos activos no son efectivo en caja, pero pueden convertirse en efectivo. Al determinar el valor de una empresa, es importante saber cuántos activos están disponibles de inmediato y cuántos tardarán algún tiempo en liquidarse, o convertirse en efectivo.

A diferencia de los activos no corrientes, que solo son accesibles al cabo de un año, los activos corrientes incluyen el efectivo; las acciones (sí, ¡las empresas también invierten su dinero en acciones!), que pueden convertirse fácilmente en efectivo; y otros activos que se espera que se conviertan en efectivo en el plazo de un año. El pasivo incluye todo lo que la empresa debe o ha pedido prestado y que finalmente tiene que pagar a otras partes. Al igual que ocurre con el activo, el pasivo se divide en dos secciones: pasivo corriente, que debe pagarse en el plazo de un año; y pasivo no corriente, también conocido como pasivo a largo plazo, que vence en cualquier momento después de un año.

La última sección del balance a la que quiero que prestes atención es el patrimonio de los accionistas, o el patrimonio neto de la empresa, que son sus activos menos sus pasivos. Si la empresa obtiene ganancias en el año, ese dinero o ganancia neta (activos menos pasivos) pasa al patrimonio neto. Una vez cerrado el año, el patrimonio neto se denomina **ganancias acumuladas**. Las ganancias acumuladas pueden mantenerse en el balance o pagarse a los accionistas en forma de dividendos. Si la empresa tiene pérdidas, significa que ha incurrido en más pasivos que ingresos en la hoja de balance, y esto situaría las ganancias acumuladas en negativo o reduciría las existentes del año anterior.

En última instancia, el balance nos permite conocer el estado actual de rentabilidad de una empresa. Hay muchas formas en que los analistas financieros examinan los estados financieros. Por ahora, estamos cubriendo los aspectos básicos. A medida que tu camino avance, también lo hará este proceso.

Ha llegado el momento de ponerlo todo junto. Mira la hoja de balance anual y comprueba si los activos totales han aumentado año tras año. Es positivo que los activos aumenten año tras año y puede ser alarmante que disminuyan o fluctúen. Sin embargo, hay que tener en cuenta el tiempo que lleva la empresa en marcha. En el caso de las empresas más jóvenes, se tarda un tiempo en ver aumentar los activos, ya que puede que aún no sean rentables o que estén reinvirtiendo todo su dinero en equipos, talento de primer nivel, etc. O quizá ocurrió algo a nivel macroeconómico que afectó a su sector. Un gran ejemplo fueron las compañías aéreas durante el inicio de la pandemia, cuando nadie volaba: las ganancias trimestrales se vieron afectadas porque no vendían muchos billetes ni traían rentas. Esto, a su vez, afectaría a las ganancias anuales generales. Sin embargo, esto era algo que estaba fuera del control de la empresa. Debemos tener en cuenta este tipo de factores.

Fíjate ahora en el pasivo total de la empresa. ¿También aumenta año tras año? Aunque pueda parecer negativo que el pasivo aumente año tras año, no es tan así. Recuerda: se necesita dinero para ganar dinero, y el costo de dirigir una empresa dista mucho de ser cero, por lo que, si una empresa no está asumiendo pasivos, es probable que no esté reinvirtiendo en sí misma. Por lo tanto, ver que el pasivo aumenta año tras año puede ser positivo, sobre todo si el activo también aumenta anualmente. Puede ser más preocupante cuando los pasivos superan con frecuencia a los activos, en especial en una empresa madura. Esto puede indicar problemas más profundos relacionados con la rentabilidad general de la empresa. ¿Y si los pasivos disminuyen año tras año? Las disminuciones incrementales pueden ser una señal positiva de que la empresa es cada vez más eficiente en sus operaciones. Pero si sus pasivos disminuyen drásticamente, podría ser una mala señal, porque necesitamos ver empresas que aprovechen el dinero y lo pongan a trabajar.

En lo que respecta al patrimonio neto, es estupendo que aumente año tras año, ya que eso significa más ganancias acumuladas o que nos llegará más participación en las ganancias a nosotros como inversores en forma de dividendos. Sin embargo, todo esto va a depender de cómo se comporte la empresa con sus activos y pasivos.

Otra buena forma de sacar conclusiones de la hoja del balance es mediante una ecuación conocida como **ratio de liquidez**, que se calcula dividiendo el activo corriente entre el pasivo circulante. Tomamos las cifras corrientes, porque se trata de activos líquidos accesibles en menos de un año, así como pasivos circulantes, que deben pagarse en menos de un año. La ratio de liquidez nos permite conocer la salud de la empresa y cuánto tiempo podría mantenerse si tuviera que cerrar. Un gran ejemplo de esto fue al principio de la pandemia, cuando algunas empresas no pudieron funcionar y todo tuvo que detenerse por completo.

Calculemos la ratio actual de Alphabet Inc., también conocida como Google, la niña mimada de las hojas de balance. Para que esta cifra sea lo más cercana posible a la corriente, tenemos que comparar el balance trimestral más reciente con el balance anual. Los activos corrientes de Alphabet en el momento de escribir este libro son de $172 371 000 (recuerda que esta cifra aparece en miles en Yahoo! Finanzas, pero la ratio sigue siendo la misma tanto si añades los tres ceros como si no). Su pasivo circulante es de $61 354 000.

172 371 000 000 / 61 354 000 000 = 2,81

Si la ratio de liquidez es mayor que uno, entonces el activo de la empresa supera a su pasivo, lo cual es positivo porque significa que la empresa es capaz de pagar sus pasivos existentes. En este caso, Alphabet puede pagar sus deudas casi tres veces. En otras palabras, goza de una gran salud financiera y podría mantener su negocio en caso de cierre. A los bancos les gusta prestar dinero a las empresas que tienen una ratio que oscila entre uno y dos. Si la ratio es mayor, puedes pensar que es algo estupendo; sin embargo, esto presenta una perspectiva diferente de la empresa, en el sentido de que puede que no esté reinvirtiendo en sí misma para contribuir a su crecimiento. Una vez más, se necesita dinero para ganar dinero, y tanto los bancos como los inversores quieren ver que las empresas utilizan su dinero para ganar más dinero y que no se queda ahí. Esto es algo que podemos aplicar a la forma en que utilizamos nuestro propio dinero: ¿lo invertimos para ganar más dinero o simplemente lo guardamos en una cuenta de ahorros?

Si la ratio de una empresa es inferior a uno, significa que sus activos son inferiores a sus pasivos. Esto es negativo, pues nos indica que la empresa es incapaz de pagar íntegramente el pasivo o el dinero que debe.

En general, la ratio de liquidez, junto con la comparación interanual de la hoja de balance, nos proporciona indicadores clave de cómo está funcionando la empresa. Podemos utilizar estas cifras para comparar la empresa con otros líderes del mismo sector o pares de la industria para ver cómo se mide.

El estado de ingresos

Mientras que la hoja de balance nos da una instantánea de una empresa en un momento determinado, el **estado de ingresos**, también conocido como estado de pérdidas y ganancias, nos mostrará las rentas de la empresa, que es el dinero generado por los bienes y servicios; el **costo de los bienes vendidos** (**COGS**, por sus siglas en inglés), que nos indica el costo de producción de los bienes o servicios vendidos; y los gastos, incluidos los costos operativos de la empresa, durante un periodo de tiempo. Mientras que una parte de la hoja de balance refleja la cantidad de efectivo disponible, el estado de ingresos nos muestra cómo la empresa ha obtenido ese efectivo. Nos da una visión que nos ayudará a ver el rendimiento de la empresa y, en última instancia, cómo ha llegado al efectivo en sus activos y a los gastos en sus pasivos en las partidas del balance. A fin de cuentas, el estado de ingresos nos permite conocer el beneficio de la empresa al reflejar cómo está actuando en la generación de ingresos y lo eficiente que es con los gastos operativos.

Los ingresos de la empresa se desglosan en dos secciones: el ingreso bruto, que son las rentas menos el COGS; los ingresos operativos (es decir, ingresos antes de intereses e impuestos o EBIT, por sus siglas en inglés,), que son el ingreso bruto menos los gastos operativos; y el **ingreso neto**, que son los ingresos operativos menos los intereses y los impuestos. Este cálculo final nos da la cantidad total de ganancia libre de todos los costos y gastos.

Muchas veces, cuando oyes a empresarios hablar de la rentabilidad de una empresa, como en *Shark Tank*, surge esta pregunta: ¿cuál es la línea superior de la empresa y cuál es la línea inferior? La **línea superior** es la cantidad de renta que ha ingresado a la empresa, y la **línea inferior** son los ingresos netos, de nuevo, todo el dinero que está libre de costos y gastos.

Al comparar este estado trimestre tras trimestre y año tras año, podemos ver lo eficiente, o ineficiente, y lo rentable, o no rentable, que ha llegado a ser una empresa. Esto es útil cuando se comparan empresas de la misma industria, pero no debe utilizarse para comparar diferentes modelos de negocio, porque las partidas serán diferentes. Supongamos que quieres invertir en empresas que tienen un modelo de negocio muy similar, como Walmart y Target: este puede ser un estado que quieras explorar para comparar la eficiencia y la rentabilidad de los modelos de negocio de las empresas. Para que este análisis sea fácil de entender para los principiantes, la parte más importante de este estado es la rentabilidad.

Veremos más detenidamente cómo se analizan los ingresos cuando revisemos las ganancias por acción en la página 101.

El estado de flujo de caja

El **estado de flujo de caja** informa cuánto dinero entra y sale de la empresa durante un periodo. Los inversores revisan este estado trimestral o anualmente. Mientras que el estado de ingresos refleja cuántas ganancias está obteniendo una empresa, el estado de flujo de caja nos ofrece una comprensión más profunda de lo que está ocurriendo con el flujo de caja de una empresa, que es, en última instancia, lo que necesita una empresa para funcionar y pagar sus gastos, el costo de las mercancías, los dividendos de los inversores, etc. Sin efectivo no hay empresa; por esta razón, el estado de flujo de caja se considera uno de los estados más importantes que podemos utilizar para ver más de cerca de dónde procede el efectivo disponible que figura en la hoja de balance. Muchas empresas fracasan porque sale más efectivo del que entra.

El estado de flujo de caja se divide en tres secciones principales: flujo de caja de actividades de explotación, es decir, el dinero que entra por productos y servicios; flujo de caja de actividades de inversión, que es el dinero procedente de activos e inversiones que la empresa pueda estar realizando (los bienes inmuebles comerciales son un ejemplo de inversión habitual); y el efectivo procedente de actividades de financiación, que es el dinero procedente de la financiación de deuda y patrimonio. Al principio me costó un poco entender esto último porque estamos muy acostumbrados a que nos enseñen que la deuda es mala, pero, como ya se ha dicho, en los negocios una cantidad razonable de deuda no es necesariamente mala; es solo un apalancamiento para hacer que un negocio funcione y, en última instancia, una inversión que tiene potencial para generar más dinero. Cuando una empresa pide dinero prestado, ese dinero se contabiliza en sus partidas de flujo de caja de la hoja de balance como un activo. El efectivo procedente de las inversiones y de la financiación no se contabiliza como ingreso de la empresa, lo que hace que nuestra definición de *efectivo* sea más amplia.

Al revisar este estado, fíjate si el flujo de caja de la empresa es positivo o negativo. Si el flujo de caja es positivo, no significa necesariamente que la empresa sea rentable. Recuerda que el flujo de caja no equivale a ingresos. Lo que sí indica un flujo de caja positivo es que la empresa puede pagar sus deudas y reinvertir en el negocio, lo cual es positivo. Si el flujo de caja es negativo, no significa que la empresa no sea rentable, pero puede significar que la empresa gasta más de lo que ingresa, lo que puede ser negativo. También puede significar que la empresa simplemente está reinvirtiendo en su negocio y pagando deudas o dividendos, lo que puede ser bueno. El objetivo es ver cuánto efectivo genera en realidad una empresa a partir de su negocio y cómo lo gasta durante un periodo determinado. Para muchos analistas, el estado de flujo de caja es clave porque da una idea clara de la verdadera rentabilidad de la empresa y de si puede mantenerse.

Al fin y al cabo, estos tres estados funcionan conjuntamente para darnos un alto nivel de comprensión de la salud financiera de una empresa. Para mí, la comprensión de estos estados sutiles también puso en perspectiva cómo el dinero es una herramienta fundamental y cómo mi relación con él afecta la forma en que gestiono mis finanzas tanto en mi vida profesional como personal.

Junto con los estados financieros, cada trimestre una empresa comparte un comunicado de prensa y una llamada de resultados no solo para resumir sus estados financieros, sino también para compartir sus últimas noticias, actualizaciones y orientaciones. Una vez que te hayas familiarizado con los estados financieros, es hora de sumergirte en las llamadas de resultados.

PRESTA ATENCIÓN: LAS LLAMADAS DE RESULTADOS TRIMESTRALES ESTÁN QUE ARDEN

Los profesionales de la industria tendrán una opinión sobre las acciones que debes elegir, pero tener una opinión no significa necesariamente que tengan razón. Cuando empecé a comprar acciones, mi nivel de confianza no se basaba en la intuición, sino en la diligente investigación que llevé a cabo sobre mi inversión. Por eso, cuando la gente me dijo que debía vender mis acciones de Netflix mientras tuviera la oportunidad, no lo hice. ¿Por qué? Porque sabía lo que hacía esta empresa —cómo estaba cambiando el comportamiento de los consumidores y su potencial de participación en el mercado—, lo que me dio la fuerza para superar la presión externa de mi sistema. Mis conocimientos eran mi escudo: me daban poder para defender mi posición. Hacer frente a esa presión puede ser difícil; es como enfrentarse a arcos, flechas y machetes blandidos por profesionales de la industria que tienen más experiencia que tú. Tenemos que mantener nuestros escudos en alto para protegernos de los miedos y la mentalidad de escasez de los demás. Cuando hayas investigado y comprendas la empresa en la que

TÁCTICAS DE GUERRERA DE LA RIQUEZA: LA PÁGINA DE RELACIONES CON LOS INVERSORES

Cuando te conviertes en inversora de una empresa, debes dirigirte de inmediato a la página de relaciones con los inversores de su sitio web, que en general se encuentra en la parte inferior. Si no la encuentras, haz una búsqueda rápida utilizando el nombre de la empresa y «relaciones con los inversores» y la página debería ser la primera en aparecer en la lista de resultados. En la página de relaciones con los inversores, tendrás acceso a los estados financieros de la empresa y a las llamadas de resultados. La mayoría tendrá también un boletín para inversores que ofrece información clave que los inversores deben conocer e incluye alertas sobre dónde puedes encontrar las últimas llamadas de resultados de la empresa. Esta información se distribuye de distintas formas según la empresa. Tu cuenta de corretaje también te informará de las próximas llamadas de resultados y de dónde acceder a las que se refieran específicamente a tus inversiones, pero si te suscribes a la información de la página de relaciones con los inversores de cada empresa, recibirás la información pertinente directo de cada una de ellas.

vas a invertir, ningún ataque te hará cambiar de opinión. Así que agarra tu lista de empresas que cotizan en bolsa y manos a la obra, guerrera de la riqueza.

La temporada de resultados tiene lugar trimestralmente. Durante este periodo, las empresas deben presentar a la SEC sus estados de ingreso, de flujo de caja y la hoja de balance. Poco después de la publicación de estos estados, la empresa distribuye un comunicado de prensa en el que explica las cifras de los estados y realiza una conferencia telefónica en la que los ejecutivos discuten los resultados trimestrales y responden a las preguntas de los inversores y analistas, es decir, la **llamada de resultados**. La segunda vez que oí una llamada de resultados trimestrales de Netflix, me di cuenta de que casi todo lo que Reed Hastings había dicho en nuestra reunión de empleados una semana antes se estaba compartiendo ahora en la llamada de la empresa. Eso significaba que el público tenía el mismo conocimiento que nosotros como empleados. En otras palabras, no tienes que trabajar para la empresa en la que quieres invertir para conocer sus circunstancias actuales y sus proyecciones y planes futuros; todo lo que tienes que hacer es escuchar esas benditas llamadas. Ahí es donde las empresas exponen sus resultados financieros del trimestre anterior y sus planes para los próximos meses y años para que cualquiera pueda procesarlos y escudriñarlos.

Cuando empecé a tomar en serio estas llamadas de resultados trimestrales y a sintonizarlas, era como si en un momento estuviera flotando con placidez en una alberca en un caluroso día de verano, y al siguiente estuviera chapoteando frenéticamente hacia el borde y agarrándome para no ahogarme tras darme cuenta de que no sabía nadar lo suficientemente bien como para manejarme en la parte más profunda. Con el tiempo, aprendí a nadar como perrito con estas llamadas; detenía la grabación cada pocos minutos para anotar las palabras o frases que no entendía. Pronto me empecé a sentir como si estuviera aprendiendo a hacer la mariposa como una nadadora profesional. Estas llamadas me dieron la oportunidad de escuchar a CEOs de renombre —como Tim Cook de Apple, Jack Dorsey de Block y Safra Catz de Oracle— hablar sobre dónde estaban sus empresas en ese momento y hacia dónde se dirigían. Tenemos la oportunidad de oír a las personas que esencialmente nos facilitan la vida cotidiana darnos orientaciones de futuro sobre lo que han creado y sus planes de crecimiento en tiempo real. También nos dan una visión inestimable de cómo y por qué los precios de las acciones se ven afectados por las llamadas de resultados. Curiosamente, las convocatorias de la temporada de resultados son ahora una de mis experiencias favoritas como inversora bursátil. De hecho, si fuera profesora de negocios, las haría obligatorias para mis alumnos. Lo sé, seguro estás pensando que estoy loca. Al principio, estas llamadas pueden parecer abrumadoras, tediosas y francamente largas. Pero no hay mejor forma de entender una empresa a un nivel superior que escuchar las llamadas de resultados: son la clave de las proyecciones futuras de una empresa. Una vez que aprendas este lenguaje y entiendas lo que se comunica, podrás utilizarlo para terminar de construir tu caso a favor o en contra de una acción concreta, evaluando si se alinea con quién eres y con lo que quieres.

La cifra más esperada durante la temporada de resultados trimestrales, la que tiene a los inversores y a los ejecutivos de las empresas al borde de sus asientos, es la **ganancia por acción** (**EPS**, por sus siglas en inglés). La EPS nos ayudará a comparar la rentabilidad de distintas empresas, aunque cada empresa tendrá unos beneficios y unas acciones diferentes. La EPS es una comparación justa, ya que nos dice lo rentable que es una empresa por acción. Una EPS alta indica que la empresa genera más ganancias por acción. La EPS se calcula dividiendo el ingreso neto de una empresa entre sus acciones en circulación, es decir, la cantidad de acciones que la empresa ha emitido para su distribución/propiedad. Por sí solos, los ingresos netos reflejan los ingresos generales de la empresa, como si nosotros, los inversores, fuéramos los únicos propietarios; no es un buen indicador del rendimiento de nuestras acciones de inversión. Lo que queremos ver son las ganancias por acción de la empresa y cómo aumentan o disminuyen en función de las acciones que poseemos. Esto nos dará una indicación clara de la rentabilidad de cada acción que poseamos o pretendamos poseer. Por ejemplo, comparemos Target y Walmart. Target declaró $31 mil millones de ganancia bruta en 2021, y Walmart declaró $143 mil millones en el mismo año. Solo con mirar la ganancia bruta podrías pensar que Walmart es mucho más rentable. Sin embargo, cuando calculamos la EPS, Target obtiene un beneficio de $8,83 por acción, mientras que Walmart obtiene un beneficio de $5,00 por acción. Esto nos dice que, aunque Walmart obtuvo una ganancia bruta mayor, está obteniendo menos ganancias por acción. En este caso, Target produce más ganancias por acción. Los analistas publican la EPS prevista de sus empresas basándose en sus estados de ingresos más recientes. Después, las empresas revelan la EPS real una vez que se publica el estado de ingresos y se calcula la EPS a partir de la ganancia declarada. Esta EPS se compara con la cifra estimada para ver si cumple, supera o no llega a alcanzar las expectativas de los analistas.

Cada trimestre es una oportunidad para que la empresa aprenda del anterior midiéndose no solo contra sí misma, sino en comparación con otras empresas que cotizan en bolsa. Así que nosotros, como inversores, no queremos limitarnos solo a mirar los números, queremos encontrar las razones que hay detrás de los números. Piénsalo como si siguieras a tu corredor olímpico favorito a lo largo de su carrera. Se trata de un atleta cuyos resultados anteriores, lesiones, debilidades, puntos fuertes, tiempos y medallas están cuidadosamente registrados. Tanto el corredor como los aficionados a este deporte pueden crear una proyección basada en el rendimiento anterior del corredor para determinar el tiempo que tiene que alcanzar o superar en su próxima carrera. Eso es exactamente lo que ocurre con las empresas que cotizan en bolsa cuando se esfuerzan por alcanzar o superar su EPS. Si una empresa supera las expectativas de beneficios, será recompensada (los inversores comprarán más acciones, lo que hará subir el precio de sus acciones); si no alcanza este objetivo, la empresa será objeto de escrutinio por parte de inversores y analistas, ya que puede ser un indicio de problemas más graves. Es probable que se vendan acciones, lo que hará bajar su precio. Los inversores suelen intervenir para comprar más acciones o vender las existentes basándose en este dato. Por eso solemos ver los mayores saltos en el precio de las acciones durante la temporada de resultados.

La publicación de los estados financieros de una empresa, las convocatorias de resultados y los comunicados de prensa te informarán aún más del «por qué» de la EPS de una empresa. Aquí es donde la empresa se tomará su tiempo para explicar lo que ocurrió con sus beneficios trimestrales. Si no alcanzó la EPS estimada, puede que explique que fue un problema de la cadena de suministro o algo que estaba completamente fuera de su control, lo que te permitirá saber que no se debió a una mala gestión de la propia empresa. Si superó su EPS estimada, esto le da la oportunidad de compartir qué mejoró y por qué. Asegúrate siempre de mantener los oídos atentos a la información que pueda afectar tu inversión de forma positiva o negativa.

Por último, pero no por ello menos importante, queremos

buscar orientaciones de futuro de la empresa durante sus convocatorias de resultados. Si está desarrollando nuevos productos o servicios, por ejemplo, esto puede indicar una oportunidad de crecimiento, lo cual es una gran señal. Ten en cuenta estas preguntas: ¿Está creciendo la empresa en sus mercados? ¿Sus estados financieros están saludables? ¿La hoja de balance muestra un crecimiento trimestre tras trimestre, año tras año? ¿Asume la empresa riesgos para expandirse a nuevos mercados (aumentando los pasivos de forma responsable)? ¿Fabrica productos que cambian la vida y dejan un impacto generacional? Sin embargo, hay veces que las empresas no son capaces de proporcionar una visión hacia el futuro. Lo vimos mucho durante el inicio de la pandemia de COVID-19, cuando era difícil percibir lo que ocurriría, con cierres en todo el país y enormes cantidades de personas enfermas. Debemos enfocarnos en los detalles, pero sin perder nunca de vista el panorama general, en especial en la economía global en la que vivimos ahora.

Recuerda: este es un viaje espiritual y emocional tanto como financiero. Las emociones que suscite en ti la evaluación de cada acción te permitirán saber si, como inversora, puedes sentirte potencialmente más a gusto con acciones de crecimiento o cíclicas, con categorías más seguras o más arriesgadas. Si la idea de invertir en una acción caliente como Tesla te estruja el pecho, quizá sea mejor que inviertas en una empresa menos disruptiva y más estable como Coca-Cola. No dejes que nadie te intimide para que compres acciones que te hagan sentir incómoda solo porque sean populares o lucrativas en ese momento. Y tampoco permitas que tus emociones te frenen: el 56 % de las mujeres milenial dicen que el miedo les impide invertir. Cambia esa estadística mientras avanzas en tu camino de creación de riqueza generacional y elige lo que se alinee contigo, tus necesidades y tus intenciones monetarias. Dormirás mejor por la noche. En definitiva, lo que debemos buscar en estas llamadas son razones que respalden nuestras convicciones de inversión y por qué siguen alineándose con nuestras intenciones y estrategias en el mercado.

¿Cómo se ve tu lista de empresas? Quizá estés empezando a reducir tus opciones. O tal vez tengas que revisar primero algunos estados financieros y gráficos bursátiles. Tómate tu tiempo: moverte a tu propio ritmo es crucial en este camino. El mercado de valores siempre estará ahí.

FINANCIA TU CUENTA DE CORRETAJE: DONDE HAY RIESGO, HAY OPORTUNIDAD

Ahora que sabes cómo funciona el mercado, cómo refleja la economía y los resultados de una empresa concreta, cómo leer un gráfico bursátil y cómo tomar decisiones acertadas sobre dónde invertir, es hora de ingresar fondos en tu cuenta de corretaje. Vuelve al presupuesto que estableciste en el Paso 4, la cantidad que decidiste que podías perder semanal o mensualmente, y trasládala a tu cuenta de corretaje. Este es tu primer depósito. Quizá para algunos sea un momento fácil y emocionante, mientras que otros dudarán y se preguntarán si deben pulsar el botón de transferir. Si tienes dudas, explora su raíz y llega al fondo de las heridas monetarias que están surgiendo de las profundidades de tu subconsciente para que puedas empezar a eliminar esos obstáculos emocionales de tu camino. Sé paciente contigo misma.

Para llegar al punto en que pudiera mantener con confianza mis acciones y centrarme en mi horizonte temporal sin asustarme por lo que ocurría en el mercado, primero tuve que enfrentarme a ese monstruo de ojos verdes que invade nuestra psique cuando se trata con dinero: la avaricia. ¿Recuerdas esa falsa creencia que exploramos en el Paso 1, que la gente rica es avariciosa? Pues es muy probable que vuelva a perseguirte cada vez que intentes poner el dinero a trabajar para ti y utilizarlo para generar riqueza. Para combatirlo, acude al arsenal de herramientas que hemos ido recopilando a lo largo de estas páginas y utiliza esta verdad guerrera: *la riqueza me da opciones.* Repite esta verdad como un mantra cada vez que el sentimiento de codicia intente impedirte invertir en ti misma y en tus prioridades. Recuerda: el deseo de acumular riqueza no te convierte en avariciosa; te convierte en una pensadora con visión que vela por su futuro y el de las generaciones venideras.

Una vez que salvaguardé mi fortaleza del monstruo verde y dejé de tomar decisiones impulsivas basadas en el miedo, seguí teniendo que lidiar con las voces alarmista de mi cabeza: *El mercado de valores es para los blancos. No eres ni inteligente ni blanca. Vas a perderlo todo. Esto es demasiado arriesgado. ¿Quién te crees que eres?* Esos pensamientos estaban directamente relacionados con mi mentalidad de escasez, y ya era hora de cerrarles la boca. Debemos recordarnos a nosotros mismos que la cantidad de dinero que hemos decidido invertir es la cantidad que ya hemos determinado que podemos perder. Es dinero que no afectará nuestros resultados cuando ya no esté en nuestros bolsillos. Si sigues sintiéndote insegura, tómate un respiro. Recuerda: el dinero asustado no hace dinero.

Las nuevas oportunidades de crecimiento siempre conllevan riesgos. Pero donde hay riesgo, hay oportunidad. Cuando estamos emocionalmente apegados a nuestro dinero, esto puede sabotear nuestro viaje hacia la riqueza. Tendemos a equiparar nuestro dinero con nuestra valía, pero para construir riqueza, tenemos que ser capaces de soltar el dinero. Mi compromiso inicial, la cantidad mensual que decidí que podía perder, era de $208. Cuando mi primer año de inversión llegó a su fin y vi que el precio de las acciones de Netflix había saltado de $13 a $52, redoblé mi convicción, revisé mi presupuesto, calculé mis gastos frívolos y decidí que podía permitirme invertir $416 al mes durante mi segundo año en el mercado. Aunque era lo que podía perder, me resultaba chocante desprenderme de lo que equivalía al pago mensual de un carro; sin embargo, me recordaba todo el tiempo que era una inversora que ahora experimentaba lo que era tener como propiedad una pequeñísima parte de una empresa. Enfocándome en el futuro, pude sentir que este era solo el principio de mi camino bursátil. Reevaluar mis gastos y darme cuenta de que podía invertir más en el mercado reforzó mi capacidad para sentirme menos conectada emocionalmente o dependiente de esa cantidad concreta de dinero. Sabía que, en el peor de los casos, podría vivir sin él; y en el mejor (y más probable), ese dinero volvería a mí multiplicado por dos, tres o diez. Asumir este riesgo fue crucial para cambiar mi perspectiva y sentirme más cómoda con mi entorno.

Ahora te toca a ti. Ve a tu empresa de corretaje e ingresa en tu cuenta el primer plazo de tu presupuesto establecido. Te recomiendo encarecidamente que establezcas depósitos automáticos de ahora en adelante, como quizá hayas hecho con tu cuenta de ahorros de alto rendimiento, los servicios de *streaming*, la factura del teléfono celular u otras facturas o suscripciones en línea. Es una forma estupenda de desvincularte a nivel emocional de ese dinero, porque no tendrás que transferirlo a mano cada mes y arriesgarte a enfrentar más dudas y temores que podrían frenarte en seco.

TÁCTICAS DE GUERRERA DE LA RIQUEZA: TÓMATE TU TIEMPO

Financiar tu cuenta de corretaje no significa que tengas que invertir ese dinero de inmediato. Solo significa que has transferido dinero a una cuenta que te dará acceso a las acciones que quieras comprar. Tómate tu tiempo. Si no estás considerando acciones fraccionarias, puede que incluso tengas que ahorrar en tu cuenta de corretaje para comprar una acción concreta que quieras a su precio actual. Sigue haciendo tu tarea y familiarízate con el mercado y tus posibles inversiones a medida que te adentras en este espacio. No sientas que tienes que saber hacer la mariposa en la alberca ahora que has financiado tu cuenta. Te ahogarás y no podré salvarte. Quédate un rato en la parte menos profunda, agárrate del borde todo el tiempo que necesites, chapotea hasta que te sientas lo suficientemente segura como para nadar en aguas más profundas.

ELIGE DE UNA A TRES ACCIONES: MENOS ES MÁS

A medida que los fondos depositados en tu cuenta de corretaje se vayan haciendo efectivo —esto puede tardar unos días—, vuelve a tu lista de empresas potenciales, las que conoces y ahora has analizado a un nivel más profundo, y, armada con toda esta valiosa información, empieza a pensar en de una a tres acciones en las que te gustaría invertir oficialmente. Elegir solo de una a tres evitará que disperses demasiado tu inversión mensual. Si inviertes en de una a tres acciones, podrás seguirlas a través de una investigación continuada, sintonizando sus llamadas de resultados trimestrales, mientras aprendes a convertirte en una inversora diligente y responsable. Recuerda que no se trata de hacer clic y listo. Como guerreras del dinero, somos aprendices activas cuando se trata de saber dónde y cómo trabaja nuestro dinero para nosotras.

Los primeros años en el mercado consisten en formarte y consolidar tus conocimientos en este espacio. El tiempo que le dediques es también una inversión en ti misma. Por lo tanto, si de por sí tienes poco tiempo, considera la posibilidad de reducir tu lista a una sola acción, solo para tomarle el gustito. Si crees que puedes con un poco más, entonces ve por dos o tres, pero no más para empezar. Diversificar en exceso en una fase tan temprana de tu camino de inversora es una receta para la pérdida potencial y para las oleadas de ansiedad. Es como intentar ahorrar para múltiples metas a la vez, en lugar de enfocarte en una cosa. Estar en el mercado por primera vez ya de por sí será una montaña rusa. Imagina navegar por ese vaivén de emociones con un montón de acciones que no puedes seguir. No, eso no va a ocurrir bajo mi tutela. A medida que pases más tiempo en el mercado, tus movimientos llegarán a otro nivel.

Cuando entré al mercado, yo era una monógama de las acciones. De 2013 a 2018, la única acción en la que invertí fue Netflix. Al principio, esta estrategia se ajustaba a mi nivel de comodidad. Todavía estaba aprendiendo y no quería hacer olas innecesarias. Después de mi primer año en el mercado, durante el cual vi cómo el precio de las acciones comenzaba en $13, saltaba a $23 después de la llamada de resultados de ese trimestre —que fue cuando compré las acciones por

TÁCTICAS DE GUERRERA DE LA RIQUEZA: UN ETF NO ES UNA ACCIÓN; ES UNA CESTA

Un **fondo cotizado en bolsa** (**ETF,** por sus siglas en inglés), es una cesta de acciones que cotiza de forma similar a las acciones individuales, pero que no se limita a un sector. Es como una de esas lujosas cestas navideñas llenas de bombones, frutos secos, una taza, mermeladas, galletas y mucho más. Puedes comprar un ETF del mismo modo que compras acciones. Yo utilizo los ETF para invertir en áreas específicas que mi investigación me ha llevado a entender que son el futuro, pero que aún no comprendo lo suficientemente bien como para tomar una decisión informada respecto a las acciones individuales. A algunos inversores les gusta la diversificación que proporciona un ETF. En este libro, nos centramos en las acciones individuales y no en los ETF, porque quiero que aprendas a ser propietaria directa del mercado eligiendo tus propias acciones, pero es importante que sepas qué son los ETF por si se ajustan a tus intenciones, por supuesto. Recuerda: cada camino de creación de riqueza es diferente. Una vez que tengas claros los fundamentos, tendrás los conocimientos básicos para empezar a descubrir qué camino puede funcionar mejor para ti.

primera vez— y más tarde subía a $52 por acción, estaba eufórica por cómo se había multiplicado mi dinero, así que, como he mencionado, seguí adelante y doblé mi presupuesto establecido. Estaba tan emocionada que me moría de ganas de ver lo que ganaría en el segundo año, pero entonces... no pasó nada.

A principios de 2014, el precio rondaba los $50 por acción, y a finales de año, tras ver mínimos de $42 y máximos de $69, se mantuvo en torno a los $50 por acción. Ese año había invertido $416 al mes con la esperanza de ver crecer mi cuenta, pero, aparte de mi propia inversión, permaneció estancada, y muchas de mis heridas monetarias empezaron a atormentarme una vez más. Esas malditas heridas son así de chistosas. Puedes pensar que las tienes bajo control, pero vuelven rugiendo con el más mínimo detonante. Tuve que esforzarme una vez más por desvincular mis emociones de ese dinero y recordarme a mí misma que no lo hacía para ganar dinero rápido, sino a largo plazo. No puedo ni imaginar tener que lidiar con estas emociones teniendo más de unas pocas acciones en mi cartera; eso podría haberme llevado al límite y haberme hecho retroceder. Pero mantuve el rumbo y me comprometí a no vender ninguna de mis acciones. Mi perspectiva y mi visión del negocio en el que invertía empezaron a crecer. Ahora veía las cosas desde la perspectiva de una empresa y de un inversor. De repente, las reuniones con nuestro CEO me importaban. Pronto, invertir se convirtió en algo más que el simple depósito automático que iba de mi cuenta corriente a mi cuenta de corretaje cada mes. Participé activamente en mi camino hacia la generación de riqueza, impulsada por conocimientos, una buena planificación y el deseo de alcanzar mis metas financieras. También empecé a confiar más en mí misma y en mis decisiones, mientras veía cómo mi relación con el dinero se hacía más fluida y evolucionaba, porque ahora ya no ahorraba con desespero para sobrevivir, sino que ponía el dinero a trabajar para mí.

Y entonces me asusté.

Seguí invirtiendo los mismos $416 al mes en acciones de Netflix en el tercer año de mi proyecto para generar riqueza, pero no me atrevía a añadir otras acciones a mi cartera. En un momento dado, identifiqué una oportunidad con Adidas justo antes de que lanzara su primera colaboración con Kanye West para el Adidas Yeezy, que sabía que sería un gran negocio. Adidas cotizaba entonces a $30 la acción. Tuve una conversación muy seria con mi pareja, Alfonso, sobre la compra de algunas de estas acciones, pero entonces el miedo se apoderó de mi razonamiento y me quedé frita. «¿Y si lo perdemos todo?», me pregunté. A pesar de que llevaba dos años completos en el mercado, todo me seguía pareciendo bastante nuevo y abrumador, así que me eché para atrás y dejé que el miedo ganara ese día. Cuando se lanzó la línea Yeezy, vimos desde afuera cómo las acciones de Adidas subieron un 400 % en los años siguientes. Y ese se convirtió en mi patrón durante los próximos tres años. Me mantuve al margen y me limité a observar otras acciones y a investigar a fondo, pero sin atreverme a aventurarme en nuevos territorios. En retrospectiva, si hubiera tenido a alguien que me guiara por estos pasos y me animara a hacer movimientos audaces pero cuidadosamente investigados con el dinero al tiempo que evaluaba mis emociones, no habría esperado hasta 2018 para elegir otra acción. Mientras reduces tus opciones a una o tres empresas que cotizan en bolsa, veamos otro factor importante que debes tener en cuenta antes de entrar en este territorio.

CREA UN PLAN DE SALIDA

Tienes que ser persistente y mantener el rumbo a largo plazo, pero hay ocasiones en las que tendrás que marcharte y vender una inversión antes de cumplir tu horizonte a largo plazo. Por eso te aconsejo que elabores un plan de salida antes de comprar una acción y que comprendas las numerosas variables en juego que deben tenerse en cuenta antes de ponerlo en práctica y pulsar el botón de venta. Realmente variará en función de cada caso, pero aquí te comparto algunas señales de alarma que debes tener en cuenta. Los cambios en el mercado pueden producirse de la noche a la mañana, y tienes que estar preparada para actuar con rapidez si ocurren. Tu plan de salida es una lista de indicadores a los que debes prestar atención y que te ayudarán a saber si ha llegado el momento de salir de esa inversión.

Cuatro grandes indicadores a los que debes estar atenta son: si la empresa cambia de rumbo con respecto a su modelo de negocio actual; si es adquirida por otra empresa, como cuando Elon Musk compró Twitter y dijo que iba a privatizar la empresa; si existe la posibilidad de que otra empresa altere el producto en el que has invertido y la perspectiva empieza a afectar sus ganancias, como el impacto de Netflix en Blockbuster; o si el o la CEO abandona la compañía. Ten en cuenta que el hecho de que un CEO se vaya no significa que tengas que vender de inmediato tu posición. Cuando Jeff Bezos dejó de ser CEO de Amazon, ya tenía un candidato preparado y con experiencia esperando entre bastidores, lo cual hizo que la transición fuera bastante fluida. Una señal de alarma en este caso sería que no hubiera un sucesor claro o que esa persona no tuviera formación ni experiencia en este ámbito. Si es así, investiga un poco más y comprueba si es motivo suficiente para abandonar esta inversión.

Cuando una o varias de estas señales aparecen en tu radar, pueden afectar tu convicción en la inversión, es decir, el motivo por el que creíste en la empresa en un principio. Si tu convicción ha cambiado claramente ante los nuevos acontecimientos, puede que haya llegado el momento de plantearte vender. Piensa en estas señales como en las piezas de Lego construidas en su totalidad en un set que representa nuestra convicción. Entonces, cuando el CEO de una empresa se marcha y no creemos que su sucesor esté preparado para asumir ese cargo, no desmontamos toda nuestra construcción de Lego, simplemente retiramos esa pieza. La construcción puede tambalearse un poco, pero lo más probable es que siga de pie. Ahora bien, si empezamos a retirar más piezas debido a otras señales de alarma, entonces nuestra convicción puede tambalearse más. Tu objetivo es salir antes de que toda la construcción se derrumbe.

Estas decisiones sobre el plan de salida se basarán en tu investigación y también en tus intenciones monetarias. Tu intención actual es simplemente entrar al mercado con un presupuesto reducido y comprar solo de una a tres acciones elegidas con cuidado que, con suerte, no requerirán que pongas en marcha ningún plan de salida a corto plazo. Ahora bien, para que quede claro, tampoco estoy sugiriendo que tengas que permanecer en una acción durante el resto de tu vida. Una vez que hayas alcanzado tu meta a largo plazo y hayas ganado suficiente dinero, digamos, para el pago inicial de tu futura casa (¡así es como yo utilicé parte de mis acciones de Netflix!), o si has identificado una oportunidad de inversión mejor, con más crecimiento, entonces eso también puede ser una señal que indique que estás preparada para seguir adelante. Afinarás estas estrategias a medida que te conviertas en una inversora experimentada.

HORA DE COMPRAR: TU PRIMERA ACCIÓN YA ES UN ACTIVO

Bueno, pues ahora ya sabes todo sobre el mercado, tienes claro cómo analizar una empresa utilizando sus estados financieros y las llamadas de resultados trimestrales, has investigado para respaldar tu convicción, has financiado tu cuenta y tienes un plan de salida: ya está. ¡Es hora de comprar tus primeras acciones!

Ve a tu cuenta de corretaje, añade cuántas participaciones quieres comprar de la acción elegida y pulsa el botón de comprar. Tatán: ¡eres oficialmente accionista! Tienes un activo. Ahora empieza el verdadero trabajo. Debes tener paciencia mientras observas cómo se mueve tu dinero en el mercado. Presenciarás pérdidas y presenciarás ganancias. Tus heridas monetarias volverán con toda su fuerza, pero antes de que te des cuenta, notarás patrones de pensamiento y de toma de decisiones más saludables, siempre y cuando mantengas el compromiso de excavar y abordar de verdad ese bagaje. Puede que ahora te dé miedo, ¡pero es muy emocionante! Invierte en lo que conoces: elige las acciones que te den más paz y te permitan dormir por la noche. El dinero nos ha mantenido despiertos durante demasiado tiempo: ¡obtén ese dinero y descansa tranquila!

PASO 6

AHORA EL DINERO TRABAJA PARA TI: NO TE OLVIDES DE PEDIR MÁS PEPINILLOS

No es hacer dinero, mi amor, es multiplicarlo.

—*Bad Bunny*

¿Te resulta difícil recibir algo, como regalos, cumplidos o el pago por tus servicios? Ahora que has empezado a desplegar dinero en la bolsa, es esencial que te prepares para convertirte en receptor, y eso significa volver a enfrentarte a tus heridas monetarias. Sombras de tu antiguo sistema de creencias que aún pueden estar acechando en la oscuridad se revelarán cuando identifiques cómo te sientes respecto a tus ganancias. Así es como seguimos pasando de una relación tóxica con el dinero a una mentalidad de riqueza sana en la que ya no tenemos que cargar con el peso de nuestras heridas generacionales y podemos ver por fin el dinero como lo que es: una herramienta para mejorar nuestras vidas.

A menudo ni siquiera nos damos cuenta de la vergüenza que cargamos o del sentimiento de indignidad que persigue nuestras decisiones hasta que se invierten los papeles y pasamos de dar todo lo que tenemos a recibir realmente una compensación por nuestros esfuerzos. Hemos aprendido a ignorar ese momento en lugar de aceptarlo como algo que merecemos. Por eso, con el fin de prepararnos para convertirnos en receptores en el mercado de valores, primero debemos examinar con honestidad nuestro comportamiento con el dinero en el mundo real.

PREPÁRATE PARA SER BENEFICIARIO

Era julio de 2015. Estaba llegando a mi tercer año de inversión en el mercado de valores. Tras capear el temporal del año anterior, en el que mis acciones habían empezado y terminado en torno a los cincuenta dólares, estaba lista para ganar y dispuesta a aguantar los siete años siguientes de mi horizonte temporal. Todo evolucionaba bien en ese frente, pero en Netflix me sentía miserable. Decir que estaba sobrecargada de trabajo se queda corto. Aquel año descubrí que, mientras yo me partía el alma recuperando diecisiete mil activos (programas de TV y películas y todo lo que conllevan, desde doblajes hasta subtítulos) de Latinoamérica, algunos de mis colegas solo movían entre trescientos y cuatrocientos activos. Se me cayó la mandíbula al suelo. Allí estaba yo, con el corazón en la garganta cada día, sabiendo que tenía que cumplir ciertos plazos, sin haberme tomado vacaciones en veinticuatro meses, mientras otros empleados se ocupaban de una fracción de fracción de mi carga de trabajo. Había llegado a mi límite, así que le comuniqué esta información a mi jefe y decidí tomarme unas merecidas vacaciones. A pesar de lo tóxico que se había vuelto este entorno en mi vida, temía dejarlo. A mis ojos, dejar un trabajo que me había costado conseguir y conservar significaría no solo perder mi reputación de trabajar en una empresa tecnológica de primera categoría y con visión de futuro, sino también decir adiós a la estabilidad que significa tener un salario. Mis heridas monetarias en torno a la seguridad y la protección estaban dirigiendo mi trayectoria profesional, y en aquel momento pensé que tenía que animarme y afrontar la situación.

Tras unos días libres, que utilicé para realinearme con mis necesidades y objetivos, volví a la oficina y me convocaron a una reunión con un gerente con el que nunca había trabajado directamente, que me dijo que ya no encajaba en el rumbo del equipo. Lo miré atónita. Casi tres años cargando con la mayor parte del contenido del equipo y, en lo que me pareció cuestión de minutos, me acompañaron a mi escritorio para recoger mis pertenencias y me guiaron a la calle. Y así, sin más, todos mis temores impulsados por el dinero se manifestaron por completo.

Aquella noche llegué a casa, le di la noticia a Alfonso y me pasé los siguientes días llorando sobre la almohada. Me sentía humillada y desolada. Poco a poco empecé a darme cuenta de hasta qué punto mi identidad había estado ligada a ese trabajo. ¿Quién sería yo sin el prestigio que conllevaba trabajar en este codiciado gigante de la industria del entretenimiento tecnológico? ¿Qué podría decir en los eventos de la industria y en los estrenos de cine de Hollywood con mi ego fuertemente magullado? Dos semanas después de que terminara mi trabajo en Netflix, tras estar echada en la cama escribiendo en mi diario manchado de lágrimas, haciendo lo posible para ordenar mis emociones e identificar mi siguiente paso, por fin pude tomar aire de nuevo. Y entonces recibí una llamada de Alfonso desde el trabajo.

—No vas a creer lo que ha pasado.

Me dio un vuelco el corazón y le contesté:

—Te han despedido.

—Sí, han despedido a todo el equipo. Están limpiando la casa.

Una luz se encendió dentro de mí y pasé de lamerme las heridas de mi propio despido a lanzarme a la acción como guerrera de la riqueza. Técnicamente seguía empleada hasta fin de mes, así que lo utilicé como palanca para refinanciar de inmediato mi carro, lo que redujo muchísimo mi cuota mensual. Y Alfonso y yo tomamos todos los pasos financieros posibles a nuestro alcance para reducir nuestros gastos generales. Dos semanas después, descubrí que estaba embarazada. Respiré hondo y solté el aire despacito para calmar los nervios, pero también estaba súper feliz con la noticia. Llevábamos intentándolo desde febrero de ese año, pero nunca imaginé que ocurriría en medio de tales circunstancias imprevistas.

Una semana antes de que me despidieran, mi hermana me había planteado la idea de que nos mudáramos al cuarto de huéspedes de la casa de tres habitaciones que compartía con su marido en la zona de South Bay, en Los Ángeles. Querían aumentar sus ahorros, y ella sabía que estábamos ahorrando activamente para comprar una casa algún día. En aquel momento, me negué de buena manera, pero dado este nuevo giro de los acontecimientos y que el contrato de alquiler de nuestro departamento de una habitación se acababa a finales de septiembre, sentí que esta oferta era casi una serendipia.

—Pues, creo que tenemos que aceptar la oferta de mi hermana —le dije a Alfonso.

Con un bebé en camino, era una obviedad. Así que empacamos todas nuestras pertenencias, guardamos la mayoría de las cajas en el garaje de mi hermana e instalamos nuestro nuevo hogar en su cuarto de huéspedes. Fue una experiencia súper aleccionadora, pero estar con mi familia durante una transición tan difícil me reconfortó mucho. Me sentí muy apoyada en un momento en el que debería haber estado perdiendo la cabeza.

Estábamos rodeados de familia y yo había recibido un cheque de indemnización que nos cubriría casi un año de gastos, pero sentía el estrés de las circunstancias como un bloque de cemento en el pecho. Empecé a tener recuerdos de cuando estuve embarazada de mi hija a los trece años. Las circunstancias eran similares: me enfrenté a una gran inestabilidad, me mudé de una casa a otra y me sentí bastante desamparada y sin pistas sobre lo que el futuro podría depararnos a mí y a mi bebé. ¿Cómo podía estar pasándome esto otra vez, más de veinte años después? Tenía treinta y cinco años, una edad en la que se supone que empiezas a recoger los frutos de tu duro trabajo. Se suponía que a estas alturas debía tener una casa a mi nombre. Se suponía que debía tener un trabajo estable. Se suponía que debía afrontar este embarazo planeado con un estado de ánimo tranquilo y alegre. Mientras estos pensamientos inundaban mi mente, Alfonso cayó en su propia depresión. Pasaron los meses sin posibilidades de trabajo para ninguno de los dos; nos estábamos gastando mi indemnización y echando mano de nuestro fondo de oportunidades para sobrevivir. Y en lugar de mostrar con orgullo mi creciente barriga, tenía que esconderla cada vez que entraba en una entrevista para no ser rechazada por esta nueva vida que se desarrollaba en mi interior. Salía de cada reunión esperando recibir la llamada de «Estás contratada» y temiendo tener que aceptar un trabajo y decir después: «Por cierto, estoy embarazada». Así no era como debía ir todo.

Puede que no supiera cómo íbamos a salir de este agujero en el que nos habían metido, pero vender mis acciones no era una opción. Ni siquiera estas circunstancias extenuantes influyeron en mi convicción. Cuando la mera idea se coló en mi mente, me aferré a la declaración de Reed Hastings: «No se trata de lo que ocurre hoy; se trata de lo que ocurrirá dentro de veinte años». Vi cómo despidieron a algunos de mis colegas y cómo ellos vendieron sus acciones por despecho o enfado. No voy a mentir; mi furia burbujeante se sentía como un volcán a punto de entrar en erupción, pero había investigado lo suficiente como para ver más allá de este momento y seguir apostando por la visión de Reed Hastings. Tenía fe en que confiar en el proceso acabaría convirtiendo mi dinero en algo abundante.

Si hay algo que tenemos garantizado en la vida, es que no hay garantías. Todos nos enfrentaremos a momentos similares en nuestro camino hacia la creación de riqueza que pondrán a prueba nuestra convicción en nuestras elecciones bursátiles y en el mercado. Pero si actuamos con la debida diligencia, seguimos enfocados en nuestras intenciones monetarias y estamos dispuestos a convertirnos en beneficiarios, también tendremos el poder de darnos cuenta de que el mercado de valores es uno de los pocos lugares en los que nuestro dinero puede trabajar para nosotros mientras recuperamos el rumbo. Ahora más que nunca necesitaba que mi inversión creciera para poder comprar la casa que había imaginado cuando entré por primera vez al mercado de valores. Mi compromiso con mis acciones, mi horizonte temporal a largo plazo y mi plan de salida —no vender por nada que no fueran grandes señales de alarma o para cumplir mi intención de ser propietaria de una vivienda— se convirtieron en una fuente de estabilidad que utilicé para impulsarme a ser más ingeniosa y encontrar otras formas de obtener ingresos.

Un año después de mudarnos con mi hermana, Alfonso y yo dimos un salto de fe del tipo «si lo construyes, vendrá». Lo último que quería era tensar la relación con mi hermana por quedarnos demasiado tiempo. Le dije a Alfonso que no podíamos seguir esperando a que aparecieran trabajos: teníamos que dar un salto de fe y seguir adelante. Así que pasamos de los confines del pequeño cuarto de huéspedes de mi hermana, donde apenas cabían una cama matrimonial, el moisés de nuestro hijo, que entonces tenía seis meses, y un cambiador, a una casa de alquiler en el sur de Los Ángeles. Tres días después de mudarnos a nuestra nueva casa, contrataron a Alfonso para un puesto a tiempo completo. Y poco después, conseguí un contrato a tiempo parcial en Lionsgate, como parte del equipo de lanzamiento de Pantaya, su nuevo servicio de *streaming* en español con sede en Los Ángeles.

Mientras tanto, yo ya había iniciado mi camino como creadora de contenidos. Durante mi embarazo con Benicio, había empezado un canal de YouTube lleno de contenido para mamás, que incluía consejos para embarazadas y mamás, y charlas sobre estilos de vida. Y en 2017 nació *Let There Be Luz,* el pódcast que se convertiría en la cúspide del cambio en mi vida profesional.

Mientras grababa esos episodios, empecé a enfrentarme cara a cara con mis heridas monetarias. Alfonso y yo seguíamos viviendo al día, apenas llegábamos a fin de mes, y el precio de la casa que alquilábamos comenzó a irse por las nubes debido a las exorbitantes subidas anuales. Mientras tanto, Benicio se acercaba rápidamente a la edad escolar, pero yo no estaba muy dispuesta a que entrara en el sistema escolar de nuestro barrio.

Algo tenía que cambiar, pero cada vez que pensaba sobre la monetización de *Let There Be Luz*, me invadía un sentimiento de vergüenza. Me estaba acostumbrando a ver crecer mi dinero en el mercado de valores y a ejercer paciencia y disciplina en ese ámbito, pero cobrar a los oyentes por mi contenido espiritual, a pesar de que estaba ganando tracción y necesitaba generar más dinero, me parecía que no estaba bien. No podía unir la idea del dinero y el contenido espiritual en mi mente, así que no lo hice, hasta que un accidente afortunado me obligó a abrir los ojos.

Era 2018 y llevaba unos cincuenta capítulos de mi pódcast cuando, una mañana, mi hijo derramó sin querer agua sobre mi computadora portátil y la inutilizó. Con mis oyentes clamando por más capítulos y nuestro ajustado presupuesto en casa, no estaba segura de cómo seguir adelante. Como puedes imaginar, si no había echado mano de mis acciones durante aquel calamitoso periodo de 2015, cuando mi pareja y yo estábamos sin trabajo y esperando el nacimiento de nuestro hijo, de seguro que no iba a hacerlo ahora. Esa intención monetaria seguía fija en una futura casa para los tres, así que me mantuve fiel a mi convicción. Y eso me inspiró a cambiar de mentalidad. Mientras hablaba con un amigo, le dije:

—¿Y si hago *crowdfunding* para pagar mi nueva computadora?

—No, no puedes hacer eso. Eso lo hacen los blancos. No puedes mendigar dinero —fue la reacción instintiva de mi amigo.

Hoy en día, las personas latinas y de color han recurrido al *crowdfunding*, el financiamiento colectivo, (aunque en general recibimos menos dinero que la gente blanca, lo cual es otra batalla que todavía hay que librar), pero en 2015 el *crowdfunding* en mi comunidad para un proyecto de pasión era bastante raro, en especial para algo como una computadora portátil.

—Pero espera —insistí—. ¿Estoy mendigando dinero si hago un pódcast y no paran de exigir que suba el siguiente capítulo?

Me quedé pensando en nuestra charla durante un minuto. Había creado todo un pódcast sin cobrar nunca nada. Ni un solo patrocinador importante me respaldó con dinero. Los capítulos, que yo escribía y tardaba hasta ocho horas en editar, se subían cada semana de forma gratuita. Y tenía miles de oyentes que disfrutaban de mi trabajo. Si se empeñaban tanto en conseguir más contenido, seguro que podían hacer una contribución puntual. «Estoy prestando un servicio», me dije, «y si hay un grupo suficientemente grande que quiere que mi pódcast continúe, entonces nuestra comunidad tiene que empezar a sentirse cómoda con hacer *crowdfunding*». Y yo tenía que sentirme cómoda como beneficiaria. Sin embargo, me invadió un sentimiento de culpa y desmerecimiento por pensar así. Estaba molesta porque sentía que no tenía lo que hacía falta para crear contenido a tiempo completo y monetizarlo con éxito. También me invadía un pensamiento persistente que me asaltaba cada vez que intentaba convencerme de estar conforme con esta decisión: «¿Cómo me atrevo a exigir ayuda a las mismas personas a las que intento ayudar con mi contenido?». Sentía que debería estar distribuyendo computadoras portátiles, no pidiendo ayuda para comprar una nueva.

Mientras mis pensamientos y creencias luchaban en mi mente, recibí un mensaje en Instagram de una de las oyentes de mi pódcast, que había visto mis últimas publicaciones sobre mis circunstancias. Me ofreció cien dólares para la computadora y añadió: «Creo que deberías iniciar una campaña de GoFundMe». Era la señal que necesitaba. Me dio valor para confiar en mi instinto, así que puse en marcha una campaña en línea y en menos de veinticuatro horas había recaudado lo suficiente para sustituir mi computadora portátil.

Fue un antes y un después en mi vida. Sentía mucha vergüenza por tener que hacer *crowdfunding*, pero mis oyentes no sentían vergüenza alguna al exigir mi contenido gratuito, que claramente les parecía valioso. La vergüenza que nos produce la idea de hacer *crowdfunding* en nuestra comunidad es la misma vergüenza que cargamos cuando necesitamos pedir ayuda en otros ámbitos de nuestra vida. Pero todo el mundo necesita apoyo.

Después de comprar mi computadora, no todo fue viento en popa con mi comunidad en línea. Algunos no estaban de acuerdo con mi decisión de hacer *crowdfunding* cuando se enteraron de que tenía acciones en el mercado de valores, y me lo reprocharon. Explicar mis circunstancias solo contribuyó a consolidar mi postura. Hasta entonces, había ofrecido mis contenidos de manera gratuita. Esta experiencia no solo puso de manifiesto mi necesidad de ser asertiva a la hora de valorar el trabajo que producía, sino que también me demostró que tenía que aceptar convertirme en beneficiaria de la abundancia.

Y eso es lo que quiero para ti también. Ahora que estás comenzando a invertir en el mercado, con el tiempo te convertirás en beneficiaria, y tienes que estar preparada para ese momento. Debemos pasar de nuestra relación tóxica con el dinero a una mentalidad de riqueza sana que nos prepare para recibir con la mente y el corazón abiertos, porque somos dignos de eso y de mucho más. Te mereces lo que quieres conseguir; no dejes que nadie te diga lo contrario. Cuando atravesé la mentalidad de regateo de nuestra comunidad, comprendí mi valía y me encontré al otro lado de todo mi sacrificio y trabajo; ya no hubo vuelta atrás. Valórate lo suficiente para invertir y generar la riqueza que mereces.

Esta lección me tocó una cuerda sensible unos tres años

más tarde, cuando Alfonso, mi hijo Benicio y yo estábamos en plena mudanza de nuestro departamento alquilado en Dallas (nos habíamos mudado a Texas desde Los Ángeles un año antes) a una casa recién construida que habíamos comprado, nuestra primera casa propia. No habíamos comido en todo el día, así que paramos en el McDonald's más cercano, donde pedí una hamburguesa con queso barata. Mientras me la devoraba, pensé: «Sería diez veces mejor si tuviera más pepinillos». Al día siguiente, volví a McDonald's y pedí la misma hamburguesa con queso, pero me detuve un segundo. «¿Debería pedir más pepinillos?», me pregunté. No habría sido un inconveniente, solo un recargo, y ahora podía permitírmelo porque mi negocio estaba en auge, pero no dije nada. Pagué, volví a mi carro y, mientras le hincaba el diente a mi hamburguesa, sentí el crujido con el que había soñado el día anterior. Incrédula, levanté el pan superior y encontré una montaña de pepinillos fundiéndose con el queso derretido, y rompí a llorar de felicidad. Aquellos pepinillos simbolizaban lo que puede ocurrir cuando nos abrimos a la abundancia en todos los ámbitos de nuestra vida, incluso en el mercado de valores.

CONOCE TUS PEPINILLOS EN EL MERCADO: GANANCIAS Y PÉRDIDAS

La primera vez que recibes pepinillos extra puede ser absolutamente estimulante. Eres digna de esos pepinillos extra, lo que en este caso significa que eres digna de recibir las plusvalías que obtendrás de tus inversiones. Vamos a adentrarnos en el núcleo profundo de lo que son exactamente las plusvalías para que estés preparada para recibir de manera abierta esos pepinillos.

Tu inversión inicial en el mercado de valores —es decir, el dinero que utilizas para comprar acciones— se considera capital. Las plusvalías son las ganancias que obtienes de esa inversión inicial. Y una pérdida se produce cuando el valor inicial de tus acciones disminuye de precio. Hay dos tipos de ganancias y pérdidas de capital: las no realizadas y las realizadas.

Ganancias y pérdidas no realizadas

Las **ganancias y pérdidas no realizadas**, también llamadas ganancias y pérdidas en papel, se producen básicamente cuando el valor de tus acciones aumenta o disminuye en el mercado de valores. Supongamos que has comprado una acción de Apple valorada en $100. Has decidido conservar esta acción durante cinco o más años porque lo tuyo es ese horizonte a largo plazo. A medida que pase el tiempo y observes esa acción en el mercado, verás que su valor sube y baja. Así, si dentro de nueve meses está a $130, significa que en ese momento tienes una ganancia no realizada de $30. Y si dentro de otros nueve meses está a $95, entonces tienes una pérdida no realizada de $5. El mercado, como ya sabes, fluctuará todo el tiempo, pero no puedes perder más de tu precio de compra de $100 (que es lo que decidiste que podías perder en primer lugar). La ventaja es que no hay restricciones sobre lo que puedes ganar, por lo tanto, con el tiempo, podrías ganar una cantidad ilimitada de dinero a partir de tu inversión inicial de $100.

Las ganancias y pérdidas no realizadas viven en tu cuenta de corretaje y no tributan, porque aún no son reales. Con el paso de los años, mientras Alfonso y yo luchábamos por reencaminarnos, vi aumentar el valor de mis acciones de Netflix, pero ejercí disciplina y no toqué esas ganancias, por lo que siguieron sin realizarse. Para hacerlas realidad, habría tenido que vender mi posición. Cuando lo hacemos, esas ganancias o pérdidas se hacen realidad.

Ganancias y pérdidas realizadas

Vender tus acciones es el acto de realizar tus ganancias o tus pérdidas. Las **ganancias y pérdidas realizadas** son la diferencia entre el costo original de una participación y el valor de mercado actual de esa participación en el momento de su venta. Volvamos a nuestra acción de Apple de $100. Estás lista para ganar a largo plazo, pero la vida es impredecible. Imagina que cinco meses después de tu compra inicial, el CEO de Apple decide renunciar, la empresa decide tomar una dirección completamente distinta y el precio de las acciones cae a $75. Sin esta persona al timón de la empresa ya no tienes la misma convicción en esta inversión, así que decides poner en marcha tu plan de salida y vender tu participación. En ese momento, realizas una pérdida de $25. Esto es ahora real, es decir realizado, que en la jerga de Wall Street significa que has asumido la pérdida.

Ahora, imagina que la salida del CEO no hace tambalear tu convicción en la empresa. Las llamadas de resultados y las ventas han reforzado tu confianza en esta empresa, así que decides no vender y mantenerte fiel a tu horizonte a largo plazo. Pasan cinco años y las acciones están ahora a $300. Los $200 de crecimiento no realizado y las llamadas de resultados positivas ayudan a reforzar tu convicción. A estas alturas, espero que esto te inspire para aumentar tu horizonte temporal de cinco a diez años y seguir jugando al ajedrez, no a las damas, en el mercado, como Warren Buffett y sus más de treinta años manteniendo acciones de Coca-Cola. Pero, por seguir con este ejemplo, digamos que decides vender porque esta ganancia de $200 cumple tu intención monetaria original. En ese momento, esos $200 extra se convierten en una ganancia realizada.

Cuando llegué a la cantidad que necesitaba para el pago inicial de una casa con mis acciones de Netflix, decidí vender un tercio de mis acciones y utilizar esas ganancias para cumplir mi intención monetaria. Nunca moví un dedo por estas ganancias. Eran mis crujientes y jugosos pepinillos extra en el mercado que recibí abiertamente tras poner mi dinero en una acción en la que tenía convicción y después ejercer una paciencia y disciplina implacables para ceñirme a mi horizonte temporal a largo plazo y no vender demasiado pronto.

VE AL GRANO CON TUS IMPUESTOS

A menudo he oído a personas de nuestra comunidad decir que se niegan a invertir en el mercado de valores porque temen tener que pagar más impuestos. Lo entiendo. Es un sentimiento totalmente normal, sobre todo en nuestras comunidades latinas, pero hay que abordarlo. Yo misma tuve que superar ese mismo miedo. Está ligado a nuestra mentalidad de escasez, que nos empuja a aferrarnos a hasta al último centavo. Pero es hora de cambiar nuestra perspectiva. Los impuestos no deberían ser una palabra que incite al miedo. Piénsalo: ¿te dices a ti mismo: «No voy a trabajar porque no quiero pagar impuestos»? ¿Piensas: «Ay, espero que no me den ese ascenso o ese aumento, porque eso me empujaría a otro tramo fiscal del impuesto sobre la renta»? No. Vas a trabajar. Subes esa escalera. Consigues ese

TÁCTICAS DE GUERRERA DE LA RIQUEZA: QUÉ HACER CON LOS PEPINILLOS SOBRANTES LLAMADOS DIVIDENDOS

Si has invertido en una acción con dividendos, tus pepinillos extra también pueden venir en forma de dividendos, es decir, el dinero que las empresas deciden dar a sus accionistas como recompensa por invertir en ellas. Los dividendos se pagan en efectivo, e incluso si las acciones bajan, suelen llegar a tu cuenta de corretaje trimestralmente, pero también pueden distribuirse mensual, semestral o anualmente, dependiendo de las preferencias de la empresa. Suelen consistir en unos pocos centavos o dólares, así que, en lugar de retirar estos pepinillos extra, tengo una palabra para ti: reinvierte. Puedes reinvertirlos automáticamente en las acciones (consulta con tu empresa de corretaje; en general hay una casilla que puedes marcar para que esto ocurra) o combinar estos pepinillos extra con tu presupuesto de inversión mensual y utilizarlos para seguir desarrollando tu posición en una o tres acciones de tu elección.

puesto bien pagado, ese ascenso o ese aumento. No dejas que la idea de los impuestos te impida apuntar alto en tu carrera. Así que eso tampoco debería impedirte invertir y participar en este ámbito de creación de riqueza.

Cuando vendas tus acciones y obtengas ganancias, tendrás que pagar impuestos, eso es un hecho. Pero recuerda la lección de la sección de estados financieros que tratamos en el capítulo anterior: se necesita dinero para ganar dinero. Eso no es malo. A continuación desglosaré algunos de los aspectos básicos, pero recuerda: la clave de esta parte de tu camino es contar con un contador público que te enseñe técnicas y estrategias de ahorro fiscal adaptadas a tus necesidades. Así que toma la siguiente información como una visión general, y luego ve a hablar con tu contador sobre cómo avanzar.

En primer lugar, solo tributarás por las ganancias realizadas, no por tu inversión inicial. En otras palabras, si compras una acción a $100 y la vendes por $150, solo tributarás por los $50 de ganancia sobre tu inversión inicial de $100, no por los $150 enteritos. Supongamos que tienes que pagar el 15 % de impuestos sobre los $50, lo que significa que $7,50 se destinarán a impuestos (asegúrate de reservar esta cantidad para que cuando tengas que pagar tus impuestos no te tome por sorpresa) y los $42,50 restantes irán a tu bolsillo. En otras palabras, tu propia plusvalía cubrirá los impuestos que debes; de nuevo, guarda ese porcentaje para no gastarlo accidentalmente antes de que tengas que pagar los impuestos sobre la renta.

Ten en cuenta que la cantidad de impuestos que pagues por tus ganancias dependerá también del tiempo que hayas tenido esos activos antes de cobrarlos. Si compras una acción y la vendes en menos de un año, estará sujeta al impuesto sobre plusvalías a corto plazo, que suele ser el mismo tipo que tu tramo impositivo. Ahora bien, si conservas esa misma acción durante más de un año, estará sujeta al impuesto sobre plusvalías a largo plazo, que en el momento de redactar esta sección tiene tasas del 0 %, 15 % o 20 %, dependiendo de tus ingresos imponibles y de tu estado civil. En pocas palabras, el impuesto sobre las plusvalías a largo plazo suele ser más bajo que el de las plusvalías a corto plazo, otra razón más para ceñirte a tu horizonte a largo plazo.

Como puedes ver, hay algunas piezas móviles en función de tu situación particular, por lo que es crucial que consultes con tu contador para determinar tu tasa a corto y largo plazo.

Una última nota: a lo largo del año, cuando vendas una acción, no pagarás el impuesto sobre la renta en ese momento concreto. Tributarás por el total de las acciones que hayas vendido y por las ganancias o pérdidas que hayan sido realizadas a final de año. Es entonces cuando tu empresa de corretaje elaborará un formulario conocido como 1099 (este formulario también estará a tu disposición) para informar de tus ganancias y pérdidas al Servicio de Ingresos Internos (IRS, por sus siglas en inglés). Durante la temporada de impuestos, en cuanto recibas el aviso de que este formulario está disponible para su descarga (o en cuanto lo recibas por correo), deberás llevarlo a tu contador público para que contabilice los activos vendidos y calcule los impuestos adeudados. Si vendes acciones y se produce una pérdida en lugar de una ganancia, esa pérdida puede deducirse de tus ganancias realizadas. Una pérdida realizada también puede compensar tus ingresos regulares hasta un determinado importe —otra razón para consultar antes a tu contador—. Ahora bien, si no vendiste ninguna acción durante el año, no recibirás un 1099, no se declarará nada al IRS y no tendrás que tomar ninguna otra medida sobre esas ganancias o pérdidas no realizadas. Solo se declaran las ganancias y pérdidas realizadas cuando se venden las acciones.

HAZTE DUEÑA DE TU ESTATUS DE GUERRERA DE LA RIQUEZA

Cuando mi dinero empezó a crecer en mi cuenta de corretaje, fue un momento alucinante. Me di cuenta de que era la forma más fácil de generar dinero. No tenía que soportar a un jefe exigente ni interminables horas de trabajo por un sueldo fijo. Solo tenía que hacer las diligencias debidas, elegir empresas sólidas y poner ese dinero ahí para que ahora trabajara para mí. Nunca había experimentado nada parecido.

Una gran parte de este camino, una vez que hayas aprendido los pasos básicos del comienzo, es darte cuenta de cómo ser más inteligente y astuta dentro de este espacio. Cuando comprendas el dinero y lo utilices tal y como fue concebido, generará un nivel de libertad que los que están en el poder no quieren que tengan las personas latinas y de color, los inmigrantes o sus hijos. Para sentar las bases de la creación de nuestra riqueza, tenemos que liberarnos y replantear nuestra perspectiva empobrecida, y aprender a pedir y recibir más. Hoy en día, nunca pido una hamburguesa sin pedir más pepinillos, y tú tampoco deberías hacerlo.

PASO 7

DESARROLLA TU RIQUEZA: PERMÍTETE IMAGINAR MÁS

El dinero no me cambia, soy la misma persona,
no he cambiado en nada.
—*Luis R. Conriquez*

Cuando entres por primera vez en el mercado de valores, te parecerá un viaje emocionante. Poseer las acciones que has elegido con tanto cuidado hará que tu pecho se hinche de orgullo. La alegría inmensa por romper barreras y ocupar este nuevo espacio como guerrera de la riqueza que eres te tendrá con el tanque lleno y lista para escalar el monte Everest. Ahí estás, poniendo tus conocimientos y tu dinero a trabajar para ti, y eso te tiene emocionada y preparada para lo que venga después. ¡Adelante! Sin embargo, lo que viene después de comprar tus acciones y de acostumbrarte por fin a cómo respira el mercado será probablemente... bastante aburrido. Pero lo aburrido es bueno. Aburrido significa que no estás comprando demasiadas acciones diferentes ni dispersándote. Aburrido significa que tal vez te sientas más cómoda en este espacio tras navegar por la curva de aprendizaje que supone el primer año en el mercado. Y esto, a su vez, puede indicar que estás preparada para redoblar la intención que yace detrás de ganar este dinero: crear riqueza generacional.

ABASTECE TU DESPENSA

Los nuevos inversores a menudo se dejan llevar por el torbellino del entusiasmo y empiezan a comprar una acción de esto, otra acción de aquello, y de repente pueden haber comprado acciones de cuarenta empresas diferentes, pero solo una participación de cada una. Ahora que tienes de una a tres acciones, no te dejes distraer por la última empresa brillante y reluciente que acapare los titulares financieros: mantente firme y sigue construyendo tus posiciones actuales. Imagina que tu cartera es una despensa. El objetivo de una despensa es tener productos que duren una, dos, tres semanas o incluso meses. Con suficientes ingredientes clave, al final podrás servirle a tu familia un banquetazo. Pero eso no puede ocurrir con un par de frijoles, unos granos de arroz, un cuarto de tortilla y una cucharadita de salsa. Si te diversificas demás invirtiendo muy poco en todo, es casi como si no invirtieras en nada.

Digamos que actualmente tienes dos acciones: un frasco de frijoles y uno de arroz. (Ya sé, ¿cómo podemos vivir sin salsa?

Pero paciencia, guerrera: eso vendrá después). ¿Cuántos frijoles tienes actualmente en ese frasco? Sabes muy bien que con tres frijolitos no tendrás ni para un taco, y mucho menos para toda tu familia. ¿Y tu frasco de arroz? Necesitarás más de cinco granos de arroz para hacer un banquete, ¿verdad? Así que tienes que enfocarte en llenar primero estos dos recipientes, utilizando el presupuesto asignado para desarrollar poco a poco tus posiciones —es decir, las acciones que has comprado— con las dos empresas elegidas, antes de pasar al siguiente recipiente de tu despensa. Recuerda: el objetivo de tu cartera es que te sirva de base para algo más grande para ti y tu familia en el futuro. Si mantienes el rumbo y añades acciones a cada frasco sin prisa pero sin pausa, no solo aumentarás tus acciones, sino que probablemente reducirás tu **costo base** (el valor promedio de todas las acciones que posees).

Volvamos al ejemplo de las acciones de Apple por un momento. Supongamos que compraste tres acciones de Apple. La primera te costó $100, la segunda $150 y la tercera $50. Si sumas estas tres acciones y las divides entre tres, obtendrás tu costo base, que sería de $100. Si la acción baja y tu presupuesto te lo permite, puedes comprar acciones a un precio más bajo —lo que en la jerga bursátil en inglés se conoce como *buying the dip*, o sea, comprar acciones devaluadas— y bajar tu costo base promedio. Esto significa que cuando las acciones vuelvan a subir de precio, saldrás al ras —el importe promedio en dólares con el que compraste esas acciones— y entrarás antes a territorio positivo. Me encanta hacer esto.

Si te enfocas en la inversión a largo plazo, es muy probable que consigas aumentar tu capital. En primer lugar, te darás cuenta de que tienes suficiente para hacerte un plato de arroz con frijoles, ¡órale! Pero no te detengas ahí. La intención es construir riqueza generacional, así que quieres ser capaz de hacer una olla de frijoles con arroz para servir ese banquete que visualizaste cuando entraste por primera vez al mercado. Con el tiempo, la despensa mágica que es el mercado de valores hará crecer tu despensa, y un día te despertarás con un frasco lleno de frijoles y otro de arroz. Será entonces cuando podrás empezar a considerar la posibilidad de desplegar tu presupuesto asignado para añadir salsa a tu despensa y servirla en el banquete.

Sin embargo, no puedes comer arroz con frijoles para siempre, ¿verdad? Entonces, ¿cuándo compras las tortillas y la salsa? Cuando tengas suficientes frijoles y arroz para servir un banquete. En otras palabras, cuando empieces a cumplir tus intenciones monetarias. Tuve acciones de Netflix durante siete años antes de comprar otra acción. No tuve trabajo durante un tiempo, así que no estaba en condiciones de desplegar más efectivo en el mercado de valores. Al dejar crecer mi inversión actual, enfoqué mis esfuerzos en no invertir más dinero (dinero que ahora no podía permitirme perder) e invertí mi tiempo en investigar más. Mantener tus acciones sin comprar ni vender también es una posición fuerte en el mercado. Quería estar preparada para cuando dejara de vivir de cheque en cheque, y déjame decirte que esos años fueron increíblemente educativos. Mantener mi posición en Netflix mientras navegaba por el mercado de valores y seguía siendo una estudiante en este espacio me hizo sentir madura y fortificó mi confianza como inversora. No había energía adolescente errática en mi toma de decisiones. No me guiaba por impulsos, sino por la investigación. La capacidad de comprender que el dinero es una herramienta y que necesito esa herramienta para sobrevivir día tras día —desde encender una luz en casa y conducir hasta incluso dar un paseo por nuestro parque local (su mantenimiento lo pagan nuestros impuestos locales)— me permitió hacer frente a mis falsas creencias y fortificar mi mentalidad en todos los ámbitos de mi vida.

Este camino es como aprender a montar en bicicleta. Durante tus primeros años en el mercado de valores, tendrás puestas las ruedas de entrenamiento para apoyarte cuando sientas que te puedes llegar a caer. Con el tiempo y la experiencia, ganarás confianza y, al igual que cuando aprendes a montar en bici, sabrás cuándo te sientes lo suficientemente segura como para quitarte las ruedas de entrenamiento y continuar tu viaje sobre dos ruedas. Te darás cuenta de esta madurez y crecimiento como inversora cuando empieces a leer los estados financieros y a comprobar los niveles de cotización de las acciones con facilidad; cuando escuches los últimos titulares financieros y sepas cómo puede o no afectar esa información a tus acciones; y cuando veas una caída en el mercado de valores como una oportunidad para comprar y reducir tu costo base en lugar de hiperventilar y entrar en pánico. Todo esto te indicará que puede haber llegado el momento de añadir un nuevo ingrediente a tu despensa. Si crees que has llegado a este punto, pregúntate: *¿Están bien surtidas mis existencias actuales? ¿Tengo tiempo para buscar cuidadosamente otra acción? ¿Tengo tiempo para dedicar una hora más a leer los estados financieros y escuchar las llamadas de resultados cada trimestre?* Si la respuesta es afirmativa, puede que estés preparada para añadir otro ingrediente a tu despensa. Así se hace.

TÁCTICAS DE GUERRERA DE LA RIQUEZA: REEVALÚA TU PRESUPUESTO

Cuando te sientas más cómoda en el mercado de valores, revisa tu presupuesto y comprueba si puedes permitirte aumentarlo un poco. Si crees que puedes añadir diez dólares más al mes a tus inversiones, inténtalo. Si al cabo de uno o dos meses este aumento te parece abrumador, reajústalo a la suma original que decidiste que podías perder cómodamente. La cantidad que puedes aportar al mes o al año dependerá de tus circunstancias vitales. Si la situación se complica y el dinero escasea, puede que tengas que suspender por completo tus aportaciones mensuales hasta que las cosas se estabilicen, y eso también está bien. Cuídate y, en cuanto logres reencaminarte, revisa tu presupuesto y vuelve a aumentarlo. Luego sigue revisándolo cada tres a seis meses para reevaluar el dinero que puedes permitirte perder, y ajústalo según sea necesario.

FORTALECE TU MENTALIDAD DE GUERRERA DE LA RIQUEZA

El miedo durante los temidos días rojos, la euforia de los verdes y la ansiedad que conlleva invertir en el mercado de valores en general pueden ser agotadores. Si te permites avanzar en este proceso con lentitud y ser plenamente consciente de cada paso que das, esto te ayudará a desarrollar tu músculo inversor. Sé que volver a hablar de emociones puede sonar redundante, pero las heridas monetarias son redundantes. Es probable que muchas de nosotras llevemos más tiempo en modo escasez que en modo creación de riqueza. Las falsas creencias que hemos adquirido son persistentes, agotadoras y algo contra lo que tendremos que luchar constantemente a medida que ascendamos a nuevas alturas financieras y experimentemos retos desconocidos.

El mercado me puso las heridas monetarias y las emociones en la cara. No podía apartar la mirada. Claro que había reglas que seguir —encontrar una empresa, comprar las acciones y mantenerlas—, pero tuve que ceder el control al proceso de respiración del mercado. Tuve que obligarme a practicar la disciplina cuando mis miedos me gritaban que lo vendiera todo y saliera corriendo antes de que fuera demasiado tarde. Tuve que enfrentarme a mis falsas creencias y a esas voces en mi mente que hablaban de mis heridas monetarias, y aprender a callarlas con los conocimientos que iba adquiriendo en el mercado. Tuve que enfrentarme a ellas para avanzar, y tú también tendrás que hacer lo mismo, así que ajustemos el foco de nuestra energía en esa dirección una vez más e indaguemos juntas. Quiero que aprendas a identificar las emociones que te acecharán mientras estés en el mercado, para que puedas tomar el control, estabilizarte y tener el discernimiento necesario para tomar decisiones ganadoras.

El miedo no es más fuerte que tú

Como he mencionado antes, el mercado siempre se recupera, pero eso no significa que no debamos estar preparadas para afrontar cómo nos sentimos cuando está cayendo. Barrer las emociones bajo la alfombra no es la actitud de una guerrera de la riqueza. Tenemos que comprender y procesar nuestras emociones a través de lo bueno, lo malo y lo feo para salir triunfantes del otro lado. La verdad es que al mercado no le gusta la incertidumbre —¿a quién sí, verdad?— y cuando no percibe una clara hoja de ruta financiera que avance a escala nacional e internacional, puede volverse muy volátil. Cuando el mercado de valores se vuelve volátil, puede parecer que todo está perdido para nosotras. Los grandes titulares nos asustan y nos hacen creer que debemos vender antes de que sea demasiado tarde o comprar antes de perder la oportunidad de nuestra vida, y esto hace que las acciones suban o bajen drásticamente. Es como si toda la paciencia, la disciplina y el control que hemos estado ejerciendo con tanta diligencia salieran de pronto por la ventana y nos encontráramos de repente en medio de un campo abierto y nuestros enemigos —el estrés, la ansiedad y el miedo— vinieran hacia nosotras desde todas las direcciones.

La cuestión es que el miedo puede ser una emoción primordial que podemos sentir cuando invertimos nuestro dinero en el mercado de valores: miedo a comprar, miedo a vender, miedo a perder. Sin embargo, ocurre algo único cuando somos conscientes de nuestro miedo y de todos modos invertimos. Pronto aprendí que todos mis deseos me estaban esperando al otro lado del umbral de mi miedo. De hecho, esa ha sido mi brújula interna desde que era niña. Cuando tenía miedo a la oscuridad, me propuse enfrentarme a mi miedo y me metí debajo de la cama para explorar lo que me quitaba el sueño. Y esa fue la primera vez que me di cuenta de que el miedo es una falsa narrativa que creamos en nuestra mente. Así que, en lugar de acobardarme en un rincón, decidí aprender de aquellos momentos en los que me enfrenté a mis miedos y los vencí. Cuando, con el paso del tiempo, entré en el mundo laboral, pasé años escribiendo en un diario y haciendo un trabajo interior para soltar el miedo impulsado por la escasez, que venía del hecho de no tener suficiente dinero

No dejé que ganara el miedo, y tú tampoco deberías hacerlo. El hecho de sentarnos y observar cómo nuestras acciones suben, bajan y vuelven a subir nos dotará del poder necesario para saber qué hacer cuando el miedo empiece a gritarnos que vendamos antes de que sea demasiado tarde. Todo esto forma parte de conocernos a nosotras mismas. Nuestras reacciones al mercado revelarán poco a poco si somos arriesgadas o reacias al riesgo. Y esto, a su vez, nos informará sobre la acción o el sector que más nos conviene. Así que acepta las emociones que sientas mientras navegas por este espacio. Serán algunas de tus mejores maestras.

Dile a la euforia que se calme de una maldita vez

A pesar de lo aterrador que puede parecer el mercado para un nuevo inversor, también puede encender un interruptor y convertirse en un viaje de placer padrísimo. Si has investigado y realizado una inversión inteligente, es probable que tus acciones empiecen a subir. Como latines que nos adentramos en este espacio por primera vez, veremos esta brusca subida como dinero fácil, por así decirlo. De repente te sentirás como la Mujer Maravilla descubriendo su velocidad sobrehumana por primera vez. Esa sensación de júbilo se llama euforia, y con la misma rapidez con la que te hace perder la cabeza con su encanto, puede apoderarse de ti y hacerte caer de bruces. La euforia nos hace sentir invencibles, más listas que el mercado, más listas que los expertos, y eso puede incitarnos a tomar decisiones imprudentes y ávidas de poder, como comprar participaciones cuando vemos que una acción popular está a la alza.

TÁCTICAS DE GUERRERA DE LA RIQUEZA: CÓMO SOBREVIVIR A UNA CORRECCIÓN DEL MERCADO

Como comentamos en el Paso 4, página 121, una corrección se da cuando el mercado retrocede más de un 10 % y menos de un 20 %. Podemos esperar vivirlas al menos una vez al año. Como nueva inversora, cuando te ocurra por primera vez, esto puede llegar a generarte algo de miedo; sin embargo, si te guardas estos consejos en el bolsillo y pides ayuda a tu círculo de mentalidades financieras, ¡todo estará bien!

- Mantén la calma y respira.
- No revises el mercado todos los días si no vas a comprar nada.
- No te obsesiones con tu cartera. Será una montaña rusa, pero el viaje al final acabará y se restablecerá el equilibrio.
- Encuentra oportunidades y compra en la caída para bajar tu costo base.
- Recuerda tu meta a largo plazo: piensa en años y décadas en lugar de días o semanas.
- Agárrate fuerte. Recuerda: no puedes perder si no vendes, y mantener tus acciones también es una posición fuerte.

Ahora mismo, cuando pienso en euforia, pienso en Tesla en 2020. Tras dudar si comprar otra acción el año anterior, finalmente decidí dar el paso cuando el mercado colapsó debido a la pandemia. Esa acción pasó a tener inmensas oscilaciones con ganancias explosivas de hasta cien dólares en un día ese año, y te estaría mintiendo si te dijera que este viaje en montaña rusa no despertó mi propia euforia. Pero me recordé a mí misma que, como todas las demás acciones, Tesla no mantendría una subida constante por tiempo indefinido, y no lo hizo; de hecho, fue extremadamente volátil en aquel momento. Para mantener la cordura en medio de la emoción que rodeaba aquellos fabulosos días verdes, miraba los gráficos para recordarme que las líneas no son rectas. Hay picos y valles, pero rara vez llanuras. Esto me ayudó a ordenar mis emociones y a encontrar el equilibrio que tanto necesitaba.

No te voy a mentir: estar en esa ola cuando el mercado sube es impresionante, pero todo lo que sube tiene que bajar. No dejes que la euforia se apodere de ti. Cuando sientas que la euforia se apodera de tus sentidos, recuerda tus intenciones monetarias, tu horizonte a largo plazo, tu investigación y tus reglas, para que puedas disfrutar de ese subidón sin desviarte del camino que has planeado con tanto cuidado.

MÁRCHATE: CORTA POR LO SANO

El miedo no sólo tiene el poder de impedirnos invertir; también puede empujarnos a mantener una posición en el mercado de valores durante demasiado tiempo, y eso puede ser igual de perjudicial para nuestro camino de creación de riqueza. Cuando ves que una de tus acciones se hunde, ¿cómo saber si debes cortar por lo sano o mantenerte ahí? Mi regla es mantenerme en una acción y seguir con cuidado las llamadas de resultados. Si veo que la empresa ya no se ajusta a su visión o ya la ha alcanzado, entonces puedo empezar a considerar la puesta en marcha de mi plan de salida para retirarme. Por ejemplo, volviendo a la acción que conozco como la palma de mi mano, creo que Netflix ha alcanzado su objetivo. Ha revolucionado el *streaming* tal y como lo conocemos, ha creado contenido original fuera de los estándares de las cadenas de televisión y ha irrumpido en la industria cinematográfica. Otra razón por la que podría considerar la venta de acciones es si hay una empresa que he investigado con cuidado y ahora me siento aún más entusiasmada con sus perspectivas y su visión que con la empresa en la que estoy invirtiendo actualmente. Entonces puede que me plantee trasladar el dinero allí. Pero a veces las cosas no salen según lo planeado. Son grandes lecciones que tuve que aprender por las malas.

Todo empezó en 2020, en el punto álgido de la pandemia. Hacía poco que nos habíamos mudado a Texas, así que yo estaba extrañando Los Ángeles y me preguntaba si había sido la decisión correcta para nosotros, pero Alfonso había conseguido un gran trabajo que me daría la oportunidad de pensar en mis siguientes pasos. Ya había redirigido mi camino hacia la enseñanza sobre acciones, pero seguía asumiendo grandes proyectos de producción de eventos. También estaba en un punto muerto con mi pódcast, insegura sobre qué tipo de contenido producir de ahí en adelante. «¿Y ahora qué?», me preguntaba. Al mismo tiempo, estábamos bien de dinero, tenía una gran cartera en el mercado y me sentía segura. Cuando las acciones cayeron, supe que era una oportunidad increíble para invertir. Hasta entonces me había sentido bien con mis decisiones, hasta que cometí mi primer error crucial: empecé a buscar oportunidades en sectores que no comprendía del todo. De repente me encontré descartando mi comprensión y experiencia establecida en el mercado y observando, en cambio, lo que hacían magnates del mercado como Warren Buffett y Charlie Munger. Tenía familiaridad emocional y experiencia con el sector tecnológico y con cómo estaba alterando la forma en que vivíamos y compartíamos la información. Ya había aprendido a aceptar su volatilidad confiando en que el crecimiento llegaría con el tiempo. Pero los negocios petrolíferos eran algo que no entendía y acerca de lo que realmente no tenía ganas de aprender. Sin embargo, allí estaba yo, echando el ojo a Nordic American Tanker (NAT), una empresa que almacena petróleo en petroleros.

La primera vez que oí hablar de NAT fue a través de un conocido youtuber que habla de las acciones en las que invierte. Me intrigó su convicción, pero no lo suficiente como para empezar a invertir yo misma en esa acción. Entonces me di cuenta de que otros youtubers también comenzaron a hacer vídeos sobre esa empresa. Miré el gráfico bursátil y pensé: «Sólo cuesta cuatro dólares. Y... quizá debería considerar la compra de esta acción». Unas semanas después, vi en la CNBC al CEO de NAT pronosticar las increíbles cifras que la empresa obtendría en los resultados del siguiente trimestre. Su aparición en una cadena importante hizo que la oportunidad pareciera más oficial. A primera vista, todo parecía tener sentido. El mundo se estaba cerrando, y esto hizo que disminuyera significativamente la cantidad de petróleo que consumíamos, porque no conducíamos, ni volábamos, ni viajábamos, ni fabricábamos: todos estábamos en casa. Mientras nuestras vidas se paralizaban, las empresas productoras de petróleo necesitaban con urgencia un lugar donde almacenar el exceso de petróleo que estaban produciendo. Apareció NAT. Contemplé esta idea un par de días y pensé: «¡No puedo dejar pasar esta oportunidad!».

Pensé que esta empresa acabaría ganando mucho dinero con su negocio durante ese tiempo. Los signos del dólar parpadeaban en mis ojos, y la avaricia cegó mi juicio. Además, en lugar de hacer una pausa e investigar por mi cuenta, cometí el error de apoyarme en las convicciones de otras personas y pensar que eso sería suficiente. Así que dejé que la avaricia llevara el timón y tomé la decisión impulsiva (me atrevería a decir eufórica) de comprar 338 acciones a $7,79 cada una el 28 de abril de 2020. Invertí un total de $2633,02 sin siquiera darme cuenta de que estaba comprando durante un alza realmente fuerte. El dichoso FOMO, o miedo a quedarse afuera, en toda su gloria. Fue un chingo de dinero el que invertí con imprudencia en una acción que apenas entendía. Ni más, un dólar es mucho dinero para invertirlo en una acción que no entiendes. Pero me convencí de que era una buena jugada. Dada la información que circulaba en torno al virus COVID-19, creía que la pandemia duraría hasta 2022, así que pensé que ese sería un buen momento para vender esta posición, olvidando por completo una de mis intenciones originales: ceñirme a mi horizonte a largo plazo para crear riqueza generacional.

Cuando los inversores compran una acción por FOMO y no entienden el catalizador de lo que parece una gran oportunidad, son susceptibles a lo que en inglés se llama un *pump and dump* o un explotar y desechar organizado. Un *pump and dump* sucede cuando un grupo de agentes experimentados se organiza en comunidades de chat como Reddit y Discord para hacer subir una acción a propósito, creando expectación en torno a ella en las noticias, para que un montón de inversores, en general inexpertos, en seguida compren e impulsen la acción al alza. Esto lleva a las acciones a nuevos máximos históricos. Es entonces cuando los agentes experimentados actúan de inmediato y venden —es decir, se deshacen de la acción— para multiplicar su dinero, mientras que los inversores inexpertos que no investigaron se quedan en el lado perdedor. Por desgracia, a mí me ocurrió lo mismo. Los youtubers y la aparición del CEO en la CNBC le dieron rosca a las acciones de NAT. Ese fue el catalizador. Luego, a medida que pasaron los días, empecé a observar que las acciones comenzaban una caía en picada, lo que significaba que empezaba a producirse una clara venta masiva. Lo que las llevó a la tumba fue la llamada de resultados trimestrales de NAT. Resultó que el CEO había inflado totalmente las previsiones de ganancias de la empresa en la CNBC. Me dio un vuelco el corazón. Uno pensaría que yo habría abandonado el barco en ese mismo momento, pero no, me aferré al mástil de este barco que se hundía con la esperanza de que las acciones volvieran a subir y yo pudiera, como mínimo, vender mi posición y salir al ras. En mi opinión, cuando empiezas a esperar que tus acciones se recuperen sin una base investigada —como un camino claro hacia adelante allanado por el CEO— que respalde esta esperanza, es probable que hayas perdido toda convicción en la empresa o, peor aún, como en mi caso, que te hayas dado cuenta de que nunca tuviste esa convicción. Comencé a pensar en mis pasos y razonamientos mientras veía caer la acción, y me di cuenta de algo crucial: con el tiempo, las petroleras ralentizarían o dejarían de bombear. Eso significaba que la necesidad de almacenar petróleo era solo una solución a un problema temporal. Metí la pata. Necesitaba salir de esta de inmediato. Y tuve una oportunidad.

Después de esperar a que la acción subiera, revisando con desespero el gráfico bursátil a cada hora de cada día, vi un momento en que la acción repuntó mostrando una ligera señal de recuperación. Pero en lugar de aprovechar esa oportunidad y vender, me dejé llevar por la esperanza de que se acercara al precio que la había comprado, lo que atenuó el miedo a perder una gran parte de mi capital y el sentimiento de vergüenza que ello conllevaba. Ese fue el momento de vender, cuando empecé a aceptar mi error. Pero no corté por lo sano; me quedé. Y su valor volvió a caer. El 6 de julio de 2020, vendí mis 338 acciones a $4,16 cada una, lo que equivalía a un total de $1406,08. Mi acumulación de errores me costó $1226,94 de mi inversión inicial. Además, rompí mi postura de inversora a largo plazo y tomé un paso de inversor a corto plazo con una empresa que apenas conocía, yendo en contra de todas mis reglas. Esto demuestra que, incluso con siete años de experiencia, las emociones nos pueden derrotar si no tenemos cuidado.

Admitir que nos equivocamos nunca es fácil, sobre todo cuando se trata de perder dinero. Después de años de ejercer un profundo sentido de la responsabilidad con el dinero, me consumía la vergüenza por mi imprudente paso y no sabía cómo contárselo a Alfonso. En aquel momento había perdido el equivalente a un mes de alquiler. Me sentía culpable e irresponsable. ¿Cómo había podido hacerle esto a mi familia? Mi vergüenza enseguida se transformó en una ansiedad constante que me carcomía, y supe que la única forma de acabar con ella era confesarlo. Alfonso ha estado a mi lado desde el momento en que emprendí mi camino como inversora en 2013. Me ha visto estudiar el mercado con ojo avizor y escuchar con atención las llamadas de resultados antes de decidirme a invertir en una acción. Me ha visto dar un salto y también paralizarme de miedo. Me ha visto repasar meticulosamente mis errores y extraer lecciones de esos momentos. Y todo el tiempo, me ha hecho sentir apoyada, querida y confiada. Alfonso sabe que mis errores no son en vano. Y así fue también en esa ocasión. No se enojó. Comprendió que esto formaba parte de mi camino y que no faltarían contratiempos al andar. Su apoyo como pareja y parte de mi círculo de mentalidades financieras me ayudó a exhalar un gran suspiro de alivio.

La industria denomina este tipo de errores **matrícula de mercado**, que en pocas palabras es la cantidad de dinero que pierdes como inversor en el mercado de valores. Es el precio que pagamos por las inestimables lecciones que aprendemos en el mercado, pero eso no hace que tal pérdida sea menos dolorosa. Nadie escapa a la matrícula de mercado, pero muy pocos se atreven a hablar de eso por la vergüenza que conllevan este tipo de errores. Es más, al no saber nada sobre la matrícula de mercado, muchos inversores nuevos deciden retirarse y abandonar después de cometer tales errores, pensando que no están hechos para este entorno. Pero abandonar es un error en sí mismo. Permítete estar encabronada por lo que no funcionó. Pregúntate qué podrías haber hecho diferente, qué no viste y por qué. Ábrete a soluciones creativas y convierte esos errores en nuevas reglas que te ayuden a evitar volver a cometerlos. Sea cual sea tu contratiempo, debes saber que está ocurriendo para ti y no a ti, con un dinero que determinaste que podías perder. Evalúa entonces cuál va a ser tu próximo paso. Si crees que elegiste acciones sin investigar lo suficiente y ahora tus emociones —la euforia, la avaricia, el miedo— empiezan a tomar las decisiones por ti, puede que sea el momento de volver a visitar esas empresas y decidir si vale la pena quedarse o cortar por lo sano y salirse, que es lo que debería haber hecho antes con NAT. Luego invierte ese dinero en otra oportunidad bien estudiada. Tus errores no deberían hacerte abandonar el mercado de valores; deberían fortalecerte para que puedas perseverar con estas lecciones recién adquiridas. Eso es lo que te convierte en una guerrera de la riqueza.

Después de lamerme las heridas y digerir mis lecciones, tomé el dinero que me quedaba de este gran error y compré mi primera acción de Tesla, tras interminables investigaciones y la debida diligencia, por supuesto. Volví al sector tecnológico que conozco y amo, con una acción en la que tenía una fuerte convicción a largo plazo, y desde entonces he ganado lo que perdí y más.

Si continúas situándote como estudiante en el mercado, sigues siendo disciplinada en la comprensión de esta máquina de hacer dinero y aceptas la factura de tu matrícula de mercado, no solo obtendrás el reembolso de tus pérdidas, sino que también empezarás a ver y comprender el movimiento del dinero como nunca antes.

DIVERSIFICA AL REINVERTIR

Tu cartera —es decir, tu agrupación de activos financieros, como acciones, bonos y efectivo— es tu gran fondo de inversión. Hace mucho, las carteras de inversión eran gestionadas principalmente por profesionales de las finanzas. Pero las cosas han cambiado hará una década, ya que los grandes bancos van camino de ser descentralizados por las *fintech* y los inversores minoristas están aprendiendo a manejar su propio negocio. Ahora tenemos acceso a aprender a dar nuestros propios pasos monetarios con sentido común, y yo estoy totalmente a favor de esto.

He dejado claro que no creo en la diversificación en creces en el mercado de valores. Quédate con de una a tres acciones, y cuando estés lista para añadir un par más, sigue buscando en distintos sectores para maximizar tus beneficios y minimizar los riesgos. Cometí un error cuando entré en el sector del petróleo con NAT, pero eso fue solo porque no hice mi debida diligencia, no porque tener acciones en diferentes industrias esté mal. Así que no tengas miedo de explorar industrias y sectores distintos de aquellos en los que participas actualmente. La mera verdad, cuando pienso en diversificar, pienso en activos generadores de riqueza que van más allá del mercado de valores. En otras palabras, ten en cuenta tus acciones, pero también tus cuentas de jubilación, tu fondo de oportunidades, los bienes inmuebles que posees o que puedas poseer algún día y todas esas inversiones generadoras de riqueza que mencionamos en el Paso 2, y plantéate diversificar en cada una de estas áreas. Esto creará diferentes vías de ingresos potenciales que te brindarán un gran alivio si alguna vez te encuentras con un obstáculo o una emergencia en el camino. El objetivo es hacer crecer tu tablero de Monopoly.

Tras cinco años de invertir solo en Netflix, cuando tanto Alfonso como yo volvimos a tener un flujo constante de ingresos, decidí dar el paso e invertir en una segunda acción. Sentía tanto poder por ser propietaria de una acción y haber estudiado durante tanto tiempo el mercado de valores que supe que había llegado el momento de graduarme y ser una inversora con una cartera creciente que lo demostrara. Era importante para mí entrar en ese espacio y sentirlo por mí misma. Así que empecé a investigar una segunda acción y luego otra que estaba considerando. Primero necesitaba orientarme, así que no me lancé de inmediato. Y entonces ocurrió 2020.

Llevaba esperando una crisis que colapsara el mercado desde que empecé este camino inversor. En 2018, no dejaba de leer y oír a los expertos decir: «Cada diez años se produce un colapso del mercado. Nos espera uno en cualquier momento». Me puse la armadura, lista para atacar cuando se presentara la oportunidad. Esa oportunidad empezó a enviar señales en enero de 2020, cuando el COVID-19 ya se estaba extendiendo en China. Luego la pandemia llegó a nuestras costas, se extendió como un reguero de pólvora y nos dejó fuera de combate. Me sentí desolada por las noticias, el aluvión de vidas perdidas, la angustia colectiva. Dormía unas cuatro horas por noche, preguntándome si este periodo apocalíptico acabaría algún día, pero también era profundamente consciente de que era el momento de comprar la caída. Había estudiado todas las crisis que desembocaron en un colapso, y sabía que los millonarios nacían en esos momentos. Así que empecé a aplicar todo lo que sabía a esta crisis. Presté atención a las noticias y pensé: «Esto viene por nosotros. Llegó el momento. Esta es la entrada que estaba esperando». La oportunidad de comprar las próximas acciones a las que había echado el ojo durante los dos últimos años se acercaba a toda velocidad. Les supliqué a mis amigos y familiares más cercanos que abrieran cuentas de corretaje y aprovecharan esta oportunidad, pero creían que había perdido la cabeza.

Mientras tanto, yo estaba justo en medio de cumplir mi intención monetaria con mis acciones de Netflix. A finales de 2019, decidí vender un tercio de mis acciones de Netflix y utilizarlo como pago inicial para nuestra futura casa en Dallas. Eso equivalía a unos $100 000. Pero unos meses más tarde, cuando leí que el virus había llegado a Italia y se estaba extendiendo rápidamente, cambié mi estrategia y le dije a Alfonso: «Sé que esto no es lo que habíamos planeado en un principio, porque este dinero es para el pago inicial de una casa, pero hay una gran oportunidad que se dirige hacia nosotros y vas a tener que confiar en mí». El mercado tocó fondo el 23 de marzo de 2020, y yo estaba lista y esperando para redistribuir mis ganancias de Netflix en nuevas acciones.

Lo que ninguno de nosotros vio venir fue que, en menos de un mes, seríamos testigos de un agresivo mercado alcista

—también conocido como carrera alcista— en el que el mercado se dispara y suele alcanzar nuevos máximos históricos. Mis años de investigación, paciencia y creciente confianza en mí misma en este espacio dieron sus frutos a lo grande. Mucha gente ganó mucho dinero durante ese periodo. Entonces, meses después de la pandemia, las tasas de interés bajaron, y fue cuando vendí otro tercio de mis acciones de Netflix, que habían crecido exponencialmente debido a la carrera alcista, para volver a ponerme en marcha con la compra de nuestra casa, que adquirimos a finales de 2020.

Después de casi ocho años de poseer acciones de Netflix, conseguí vender dos grandes partes de mis acciones y reinvertirlas en nuevas acciones y en una casa, mientras aseguraba mi inversión inicial, lo que significa que no he perdido ni un centavo del dinero que invertí en esa acción, a pesar de que sufrió una caída. Me siento muy orgullosa de lo que he podido conseguir con una sola acción. Primer paso: invertir. Siguiente paso: ¡reinvertir!

PREPÁRATE PARA SERVIR UN BANQUETAZO

A medida que avanzamos en nuestro propio crecimiento y desarrollo dentro del mercado, es importante que procesemos que nuestra participación en este espacio repercutirá no solo en nuestras propias creencias subconscientes —un componente crucial de nuestro éxito—, sino también en las de nuestros amigos y familiares más cercanos. Quiero que sepas que me tomo muy en serio la enseñanza de este material. Cuando llamé a mis familiares más cercanos para compartir lo que participar en el mercado de valores podía hacer por ellos, solo mi hija y mi primo entraron en acción. Así que llevé mi perspectiva a mis historias de Instagram y a miembros de la comunidad en Patreon. La respuesta fue abrumadora. La gente quería saber más; quería recursos; quería saber por dónde empezar. Su entusiasmo me hizo recordar lo difícil que había sido para mí entrar en este espacio, y no quería que tuvieran que pasar por la misma lucha cuesta arriba. Así que volqué todo lo que sabía en un curso paso a paso sobre cómo abrir una cuenta de corretaje, sin imaginar nunca que se convertiría en el movimiento y el recurso comunitario que es hoy.

Creo que juntos estamos cambiando una dinámica estancada que necesita desesperadamente nuestra atención y acción. Hace poco tuve una llamada de *coaching* con algunos de mis alumnos, que en su mayoría son personas latinas y de color, y se me cayó la mandíbula al suelo cuando compartieron las páginas de sus cuentas de corretaje. Pasaron de no haber invertido nunca en el mercado de valores a tener carteras que valían $100 000. Se me llenaron los ojos de lágrimas al asimilar su crecimiento personal. Ahora había dinero de verdad en sus vidas.

Mis filosofías y mi perspectiva seguirán evolucionando, y seguiré aprendiendo y siendo una estudiante. Pero una cosa está clara: quienes sean capaces de tolerar los días bajistas serán recompensados con la gloria de los días alcistas. ¡Así que permítete imaginar más! Se comprarán casas, se pagarán las matrículas, la próxima generación aprenderá pronto de nosotros sobre el mercado de valores sin necesidad de un libro paso a paso para superar sus heridas monetarias y, por fin, se obtendrá la libertad. No nos haremos adinerados de la noche a la mañana; nos haremos ricos con el tiempo.

cuenta de que la transferencia de riqueza no es una carrera de velocidad; es una constante expedición guerrera de larga distancia a través de un campo extenso. En términos bursátiles, un periodo prolongado en el que las acciones están en alza se denomina carrera alcista. Como en cualquier otra expedición, hay quienes participan, quienes aún están entrenando y no están preparados para saltar, quienes ven partir a las guerreras desde la seguridad de su frente doméstico y quienes ni siquiera tienen idea de que se está produciendo una expedición.

Estos tiempos turbulentos resultaron ser un catalizador para «la mayor transferencia de riqueza», una frase que empecé a utilizar al ser testigo de cómo el dinero se iba de viejas manos y llegaba a otras nuevas. De repente, tras noventa y dos años en la lista, ExxonMobil, la que fuera la mayor empresa del Dow, fue eliminada de este índice. Un par de semanas después, Etsy, el sitio web donde adquirimos nuestras playeras chulas y artesanías hechas a mano, entró en el S&P 500. Ante nuestros ojos se estaba produciendo una transferencia de riqueza.

Además, por primera vez desde que empecé a estudiar y participar en el mercado, me di cuenta de un nuevo y emocionante marcador: estaba entrando en este espacio más gente latina o de color que nunca. Creo que tiene mucho que ver con el momento en que nos encontramos con la tecnología y las redes sociales. La información necesaria para participar en el mercado de valores siempre ha estado abierta al público, pero durante años había vivido en sitios como Bloomberg o Yahoo! Finanzas, espacios que ni siquiera sabíamos que existían o a los que no podíamos acceder porque no estaban dirigidos a nosotros. Pero las redes sociales cambiaron eso. Recuerdo cuando la CNBC, que emite solo noticias del mercado durante el día, solía mover el mercado con sus informes, y ahora el poder de hacer subir o bajar una acción se está transfiriendo a aquellos en YouTube, Reddit, TikTok y Twitter. Según un informe de PwC, la gente latina utilizan sus teléfonos inteligentes y aplicaciones más que cualquier otro grupo demográfico, y el Pew Research Center informó que hay más latines que dependen exclusivamente de sus teléfonos para acceder a Internet que cualquier otro grupo demográfico. Así que cuando las noticias financieras empezaron a aparecer en nuestras redes sociales, se volvieron mucho más accesibles para nosotros que en 1999 o incluso 2008.

Ahora no solo estamos iniciando la mayor transferencia de riqueza, sino también una increíble transferencia de poder. Como nuevos accionistas, tenemos el poder de votar sobre las decisiones tomadas en las empresas en las que hemos invertido. Me lancé de cabeza a esta oportunidad, y no solo como corredora de maratón en el mercado. Cuando me di cuenta de que instar a mi círculo a que invirtiera no era lo bastante convincente, decidí crear Wealth Rules Everything Around Me (La riqueza gobierna todo lo que me rodea), mi primer curso, para conseguir que más personas de mi comunidad se enfrentaran a sus heridas monetarias y abrieran una cuenta de corretaje: ¡el catalizador para la creación de este libro! Más tarde, descubrí que ocho de cada diez personas que fundaron empresas de comercio electrónico en 2020 eran latines, y una encuesta de Charles Schwab y Ariel Investments reveló que el 30 % de los inversores negros menores de treinta años entraron en el mercado por primera vez en 2020.

Precisamente por eso creo que este momento, al igual que otros mercados bajistas, recesiones o acontecimientos geopolíticos importantes, es una oportunidad de reinicio para todos nosotros. Una oportunidad de participar en un movimiento de riqueza y poder que nunca antes nos había sido tan accesible. Y no hablo de acceso en términos de conocimiento; me refiero al inicio de una carrera alcista en la que las acciones están bajas y la temporada de compras está en marcha. Las rachas alcistas suelen durar unos diez años y empiezan justo después de la crisis. Así que no te asustes, guerrera. Estamos en 2023 y apenas estamos llegando a la línea de salida. Haz tus tareas, establece tus reglas, crea tu plan de salida y luego entra en la carrera cuando estés bien preparada. Camina si no puedes correr. Que no te dé vergüenza. Pon un pie delante del otro y empieza a participar. No quiero hacerlo sola. Quiero que participen absolutamente todos. Hay suficiente para todos. La mayor transferencia de riqueza está aquí; trabajemos juntos para que sea permanente y duradera.

MODELA UN CAMBIO DE MENTALIDAD: DE GUARDIANES A FUENTES ABIERTAS

Era principios de 2020. Estaba sentada en nuestra sala con mi hijo Benicio, de tres años, viendo una película infantil de lucha libre. Los protagonistas estaban comiendo en una cafetería cuando entró un hombre, metió la mano bajo el abrigo para simular una pistola y le gritó a la cajera: «¡Dame todo tu dinero!». Algunos de los chamaquitos se escondieron debajo de la mesa, otros miraban buscando cómo detener a aquel hombre, y de repente Benicio empezó a desbordarse de la emoción. Puso la película en pausa y se volvió hacia mí.

—Mamá, me siento muy mal por él.

—¿Por quién te sientes mal? —le pregunté, sin saber si se refería a la persona detrás del mostrador a la que habían robado o a uno de los niños asustados.

—Por el hombre que está robando en la cafetería —respondió.

—¿Por qué te sientes mal por él?

—Porque sólo busca dinero, mamá. Su único problema es que no sabe cómo conseguir dinero y lo necesita.

—Sí, tienes razón —le respondí, un poco sorprendida por su respuesta—. ¿Y cómo crees que debería conseguir dinero?

—En el mercado de valores —me dijo, como si fuera la respuesta obvia.

Fue entonces cuando comprendí que ya había empezado a modelar un cambio de mentalidad en casa sin darme cuenta. Mi hijo estaba creciendo con esta energía y en este espacio, viendo el dinero desde una perspectiva completamente distinta a la mía, a la de mi mamá y a la de mi abuela. No estaba en modo escasez, no temía al dinero, ya lo veía como una herramienta en lugar de considerarlo como un superior cargado de emociones que controla nuestras vidas. Eso es riqueza generacional duradera, algo que luego él podrá transmitirles a sus hijos, nietos, amigos y a su comunidad. Eso es lo que quiero para todos nosotros ahora. Recuerda: la riqueza no solo viene en forma de dinero; también es conocimiento. Y el conocimiento es poder.

Un par de años antes, decidí por fin revelarles a los oyentes de mi pódcast, a mis amigos y a mi familia que yo era una inversora. El miedo me había empujado a ocultarle este proyecto en el que me había embarcado a todo el mundo menos a Bricia, Patty y Alfonso. No quería que me espantaran del mercado ni que me juzgaran. Así que mantuve conversaciones secretas con mi círculo de mentalidades financieras sobre mi participación. La culpa me perseguía como un cachorro perdido, avergonzándome por no compartir este gran secreto sobre la libertad financiera que estaba descubriendo, pero el miedo a ser juzgada me mantuvo callada. También pensé que parte de compartir mi trayectoria bursátil implicaría decirle a la gente en qué invertir, y no quería asumir esa responsabilidad. Por otro lado, tenía miedo de que me consideraran menos honorable por ganar dinero fácil en lugar de trabajar duro para conseguirlo, pero no compartir esta valiosa información me hacía sentir un tantito avariciosa. Abundaban las falsas creencias y las heridas monetarias.

Pero con el tiempo y la experiencia, me di cuenta de que no hablar de esto de manera abierta me estaba convirtiendo en una defensiva guardiana del mercado. Y eso me hacía igual que el sistema en general, que nos ha mantenido alejados de la inversión mediante el alarmismo y el silencio. Así que decidí darle la vuelta a la historia y convertirme en una fuente abierta para mi comunidad, para que ellos también pudieran pulsar el botón de reinicio en su camino financiero y unirse a este espacio. Y la respuesta fue absolutamente emocionante. Mucha gente se puso en contacto conmigo expresando su interés por el mercado de valores y su deseo de saber más. Curiosamente, yo estaba tan enfocada en el alivio de salir por fin a la luz pública como inversora que me tomó dos años y el comienzo de una pandemia trabajar mi nueva cosecha de heridas monetarias y darme cuenta de que aquí había una oportunidad de negocio, un hambre que había que alimentar y una oportunidad para mí de pasar la antorcha y distribuir esta luz a muchos más miembros de mi comunidad y más allá. Ahora espero que te unas a mí para difundir el mensaje, predicar con el ejemplo y compartir tu banquete.

Empieza por compartir tu camino con tu círculo. Mantén conversaciones abiertas y muéstrales las intenciones que te fijaste, lo que has conseguido hasta ahora dentro de tu horizonte temporal y cuáles son tus objetivos a largo plazo. Puede que te encuentres con resistencia al principio, porque el cambio o cualquier cosa nueva nos da miedo a todos, pero no retrocedas. La mejor forma de mostrar los efectos positivos que la inversión tiene en tu confianza y en tu bolsillo es modelar el comportamiento, compartir tus recursos y conocimientos, y tratar de normalizar esta conversación. Déjales echar un vistazo a tu cartera durante un periodo concreto, como hizo mi colega conmigo en Netflix. No hay nada como ver las cifras con tus propios ojos. Deja que lo asimilen, responde a cualquier pregunta, haz que sea un espacio seguro para ellos, dirígelos a los recursos apropiados y quizá añade algo como: «Esto también es posible para ti. El mercado de valores no es algo exclusivamente mío».

Sé que el subidón de explorar y compartir el mercado de valores es tremendo, pero lo último que quiero que hagas es obligar o avergonzar a nadie para que entre al mercado, porque eso desafiaría nuestro propósito colectivo: atraer a más personas de comunidades latinas y de color a este importante redil con amor y respeto. Recuerda: el camino de cada persona es diferente. Nuestras necesidades son diferentes. Nuestros niveles de comodidad son diferentes. Y nuestras heridas monetarias son diferentes. Así que debemos respetar estas diferencias y crear un espacio seguro en el que los demás se sientan bienvenidos y cómodos. Con el tiempo, te darás cuenta de que algunas personas gravitarán naturalmente hacia ti y te preguntarán cosas como: «Oye, tengo este dinero. ¿Qué hago con él?». Esa es tu oportunidad para compartir recursos y modelar tu comportamiento en este espacio. Habla con ellos de esas inversiones generadoras de riqueza que exploramos en el Paso 2, comparte lo que te inspiró a entrar en el mercado, muéstrate vulnerable y háblales de tus errores y de cómo decidiste manejar los personal y cómo eso me ayudó a atravesar las heridas que había estado arrastrando durante tanto tiempo hacia un territorio nuevo y pródigo. Siempre han creído en mí. De repente, comprar este terreno y desarrollar este nuevo proyecto significaría que por fin podría pagarles compartiendo y ampliando este banquete con ellos. Por fin, el campo de batalla se está convirtiendo en un generoso jardín financiero que puedo compartir con otros más allá de mi familia inmediata: la creación de riqueza generacional y comunal está a todo lo que da.

Ahora mi deporte favorito es ver a mi comunidad crear riqueza. Tengo alumnos que han utilizado sus ganancias para pagar el anticipo de una casa o para invertir en un negocio. Una pareja compró un gimnasio y el equipo necesario para que funcionara a pleno. Cada una de estas empresas contribuye a mejorar nuestras vidas y, a su vez, a nuestras comunidades. Esto significa que tenemos la oportunidad de cosechar las recompensas de nuestra disciplina, conocimientos y dedicación, y festejar con nuestra familia y más personas. Esta debe ser una de las metas principales en el centro de las intenciones que nos impulsan. No porque el dinero lo sea todo. Porque la libertad lo es todo. Porque las opciones lo son todo. La combinación de dinero, libertad y opciones abre tiempo y espacio en nuestras vidas para que podamos enfocarnos en crear un cambio duradero.

Al fin y al cabo, no se trata del banquete en sí. Se trata de todos los momentos que conducen a él. El tiempo que dedicas a controlar tus pensamientos y acciones y a poner en evidencia tu mentalidad de escasez. El proceso de ser testigo de cómo te desprendes a nivel emocional del dinero. El día en que te das cuenta de que el dinero es una herramienta y decides poner esa herramienta a trabajar para ti. La sensación de logro que sientes después de entablar, con conocimiento, una conversación sobre el mercado de valores con tus colegas en la sala de descanso. Ese cambio, ese crecimiento y esa evolución que se producen en todos y cada uno de esos momentos de tu camino son mucho más fortalecedores que el propio dinero. Es el camino lo que refuerza tu autoestima y te permite romper los traumas generacionales relacionados con el dinero, para que lo único que tus descendientes reciban sean activos e inspiración generadores de riqueza.

No quiero alcanzar esta cima sola; me propuse mostrarte mi proceso, mi historia, mis ganancias y mis pérdidas para animarte a ser la persona que me hubiera gustado ver en mi comunidad. Quiero ver a más personas latinas hacerse millonarias, a más mujeres generar riqueza abundante. Quiero ver una época en la que tengamos más acceso al capital emprendedor para que nosotros también nos financiemos. Para que nosotros también podamos crear empresas que coticen en bolsa y tener a nuestra propia gente invirtiendo en nuestros negocios y utilizándolos. El mercado de valores ya no es una sociedad secreta; es una comunidad de código abierto en la que todo el mundo es bienvenido. Quiero que convirtamos cada expedición en una carrera de relevos en la que pasemos continuamente la antorcha a las generaciones futuras. Tenemos mucho trabajo que hacer juntas. Esta es una llamada a la acción, mis guerreras de la riqueza. ¡Y es solo el comienzo!

AGRADECIMIENTOS

Compartir mi experiencia sobre lo que fue para mí invertir en el mercado de valores y lo que he aprendido por el camino ha sido la tarea más aterradora que jamás me he sentido llamada a ejecutar. Lo que este proceso me ha enseñado es que la experiencia que estoy viviendo ahora solo es posible porque ha habido un ejército de guerreros que han dado forma, guiado y protegido esta experiencia.

A mi agente, Johanna Castillo, gracias por creer en este camino y asegurarte de que se comparta hasta donde podamos llegar colectivamente. No estoy segura de lo que he hecho en la vida para tener a un ser tan poderoso como tú representándome, pero lo recibo con el corazón abierto.

Gracias a Edward Benítez por ver el valor de mi trabajo y la importancia de hacerlo llegar a nuestra comunidad en nuestra lengua. Este es el tipo de acceso que merecemos. Al equipo de HarperCollins Español, gracias por el amor y el cuidado que han puesto en dar vida en español a este trabajo.

A mi directora editorial, Krishan Trotman, gracias por adentrarte en tu poder personal y amplificar las voces de nuestras comunidades. Me diste permiso para mostrarme tal y como soy, en un espacio donde percibía que mi YO SOY no sería bien recibido.

A mi editora, Amina Iro, gracias por todo tu trabajo duro

en un tema que tiene tantas capas y es tan complejo. Me empujaste a esforzarme y a elevar el libro a nuevas cimas, teniendo siempre presente a nuestras comunidades.

A toda la familia de Legacy Lit, gracias por sus contribuciones y dedicación para hacer realidad el libro.

A Cecilia Molinari, mi hermana de la luna, ni bien dijiste «doodle», supe que íbamos por buen camino. Gracias por saltar a mi mundo con los dos pies y aceptar el reto de iniciar tu propio camino de guerrera de la riqueza. Como aliadas, exploramos el campo de batalla y buscamos todas las formas en que podíamos describir mejor el plan de acción.

A mi ángel Gavino Figueroa, yo sé que usted vio mi camino antes de que yo lo viera. Gracias por siempre estar conmigo protegiéndome.

A mi hija, Elizabeth Ruiz, fuiste el catalizador del cambio en mi vida. Eres mi heroína. No estaría donde estoy hoy sin ti.

A mi hijo, Benicio Ayala, te has mantenido fiel a tu nombre y has traído contigo tantas bendiciones a todas nuestras vidas. Tu sola presencia ha eliminado tantas experiencias de limitaciones.

A mi pareja, Alfonso Ayala, gracias por empujarme siempre hacia mi yo superior, por respetarlo y por amarlo. Y gracias por sostener constantemente a nuestra familia y por mantenerme con los pies en la tierra cuando me enfrento a mi pánico y ansiedad.

A mi Sissy Darlene García, gracias por centrar siempre la familia de la forma en que lo haces. Mi parte favorita de nuestro viaje ha sido aquella en la que ambas somos mamás una al lado de la otra. Héctor Lemus, gracias por apoyarme como el hermano mayor que nunca tuve. A mi Emi y Jordy Lemus, siempre honraré mi título de tía Sissy, por favor sepan que siempre podrán contar conmigo para animarlos y brindarles todo mi amor y apoyo.

Mamá, eres la guerrera de la riqueza original, gracias por enseñarme a trabajar duro y a comprometerme con lo que quiero conseguir. Gracias por hacer siempre lo mejor que podías con lo que podías. Honro cada parte de tu camino.

A mi prima Juanita Morfin, la solucionadora de problemas, la cuidadora, la más chingona. Sé que no siempre ha sido fácil asumir esta responsabilidad por todos nosotros. Te honro. Este viaje ni siquiera existiría si no fuera por tu diligencia en querer que me pusiera las pilas con mis finanzas.

Tía Tonia, tía Lupe, tío Mariano, tío Ramón, no saben cuánto los quiero. Siempre me han tratado como a una hija y desde chiquita siento su amor.

A Melissa: lo logramos. Llegamos a tantos de los lugares que siempre soñamos que llegaríamos. Mi compañera de vida original, eres mi hermana de viaje; algunas de las experiencias más divertidas de la vida las viví a tu lado. Pequeña Cami, viniste aquí a patear traseros; ¡estoy tan orgullosa de tus logros a una edad tan temprana!

A mi tía Irene y a mi tío Enrique, gracias por mostrarme lo que es un espíritu emprendedor y la representación del lujo.

A Juanito Díaz, veo mucho de mí en tus experiencias vividas. Gracias por cubrirme siempre las espaldas. Yo siempre cubriré la tuya. Estoy deseando que el mundo te conozca.

A mi compadre José Rodríguez, te quiero un chingo, gracias por todo tu amor incondicional y por la manifestación de tu ahijado.

Daniel Pacheco, si no fuera por ti, nunca habría aprendido a apreciar el arte del cine. Nunca habría ido a Lionsgate y a Netflix: gracias.

A Jerry Martínez, nunca se me van a olvidar las pláticas que tuvimos en ese entonces cuando todo se sentía oscuro. Tú siempre fuiste luz. Gracias por estar presente para Elizabeth en tiempos en que yo no pude estar.

Al señor y la señora Ekstrom, Gigi y Johan, hay tantas cosas que quiero que el mundo sepa sobre ustedes dos. El hecho de que existan personas como ustedes me dice todo lo que necesito saber sobre lo extraordinaria que es la Fuente. Gracias por llevarme a la bolsa de Nueva York cuando tenía diecisiete años. Gracias por acogerme en su casa. Gracias por las increíbles comidas en la terraza. Gracias por enseñarme a saborear la vida entre cada bocado y cada sorbo. Gracias por enseñarme cómo puede ser una familia. Gracias por establecer normas y disciplina. Me siento increíblemente agradecida por haber podido experimentar eso por encima de todo. Es verdad lo que dicen de que los niños solo quieren estructura. Tener que leer un libro a la semana es lo que me ha traído hasta aquí. Escribir sus nombres en los agradecimientos de este libro se siente como algo que vive entre el destino y lo divino. Mi mayor logro será que *La clave de la riqueza eres tú* ocupe un espacio en su biblioteca. No puedo agradecerles lo suficiente. Me han impactado a mí y a tantos otros de manera tan profunda. Los quiero siempre y para siempre, su Primera Hija, Linda.

A Minus Won, Brenda Ríos, vives en mi corazón.

A Andy García, mi contador público, mi hermano de otra mamá. De veras que eres el equipo ideal y el jugador más valioso. Gracias por abrirte y dedicar tu tiempo a educarnos a todos sobre el dinero.

A Nick Levin, gracias por tomarte el tiempo para educarme sobre las acciones en vez de comportarte como guardián; me has enseñado a hacer lo mismo.

A Nadine Dennis, mi chica, siempre te mantuviste al cien por cien conmigo. Gracias por enseñarme a utilizar el dinero sin culpas y no dejar que me utilice.

A Patty Rodríguez, una de mis mayores alegrías es idear cosas contigo y doblar el universo de formas que no sabíamos que eran posibles. Me encantan nuestras visitas juntas a la luna. No olvides nunca que la mitad de la luna es tuya y la otra mitad es mía.

A Bricia López, gracias por enseñarme siempre a ser dueña de mis deseos y a dejar de lado cualquier vergüenza cuando se trata de dinero.

A Ana Flores, Christine Cosmic y Dari Luna, las tres han creado portales importantes para mí en este viaje. Han preparado el escenario y me han empujado a atravesarlo.

A Maricela Camarena Aleti y Yesenia Armijo Méndez, hace veintisiete años todas ustedes comenzaron a enseñarme a ser una versión mucho mejor de mí misma. Ambas han estado ahí en momentos cruciales de mi vida, como dos pilares, estables, cimentados e intrincados, demostrando lo fuerte que yo también puedo ser. Desde el campamento de entrenamiento y porrista hasta ser líderes en la preparatoria y salir a explorar los senderos de Europa, fueron las primeras compañeras que me mostraron las posibilidades que había fuera de nuestro barrio. Me enseñaron a buscar con confianza y agresividad. A no acobardarme. Maricela, siempre quise ser como tú. Siempre estuviste ahí guiándome en todos los ámbitos de mi vida. Todo a lo que llegué, como trabajar en TDW, estar en el *drill team*, unirme a DECA y convertirme en vicepresidenta del último año de la prepa, fue gracias a ti. Gracias por traer a Gigi a mi vida.

Y, por último, pero no por ello menos importante, gracias

a nuestro círculo de mentalidades financieras, In Luz We Trust, el ejército de guerreras de la riqueza. A quienes han estado ahí desde el principio y a quienes se están incorporando ahora, este libro no sería posible si no fuera porque todos y cada uno de ustedes están empujando para conseguir más recursos y recordarme lo mucho que necesitamos más material como este. Gracias por creer siempre en mí y abrir el espacio para todos nosotros.

xo

Linda

GLOSARIO BURSÁTIL DE LA GUERRERA DE LA RIQUEZA

acciones: Representaciones de la propiedad fraccionaria de una empresa que cotiza en bolsa.

acciones chicharro (también conocidas como *penny stocks*): Acciones que cotizan a menos de cinco dólares por acción.

acciones cíclicas: Acciones que tienen temporadas y que también pueden verse afectadas más inmediatamente por la salud de la economía. Algunos ejemplos son las líneas aéreas, el comercio minorista, los hoteles y los restaurantes.

acciones con dividendos: Acciones que te recompensan con un dividendo cuando generan ganancias.

acciones con valor nominal: Acciones que se han convertido en líderes del sector, con poco margen de crecimiento futuro, pero consideradas por muchos como modelos empresariales fiables que están infravaloradas.

acciones defensivas: Acciones que pertenecen a empresas bien establecidas, como las de la primera categoría, que proporcionan dividendos constantes y beneficios estables independientemente del estado del mercado de valores en general.

acciones de capitalización media: Empresas con una capitalización bursátil de entre $2000 millones y $10 000 millones. Se consideran más arriesgadas que las acciones de gran capitalización, pero tienen más margen de crecimiento futuro.

acciones de capitalización pequeña: Empresas con una capitalización bursátil inferior a $2000 millones de dólares. Se consideran más arriesgadas que las de capitalización media, pero tienen aún más margen de crecimiento futuro.

acciones de crecimiento: Acciones que ofrecen un crecimiento sustancialmente superior al promedio general del mercado.

acciones de gran capitalización: Empresas con una capitalización bursátil de $10 000 millones o más: se consideran inversiones más seguras y conservadoras.

acciones de primera categoría: Acciones de empresas conocidas, de alta calidad, líderes en su sector y que han superado la prueba del tiempo.

acciones especulativas: Acciones con un riesgo extremadamente alto; el resultado de la inversión es mera especulación, ya que los fundamentos de la empresa no reflejan su fuerza potencial.

acciones meme: Acciones que se han hecho virales con un crecimiento descomunal de la noche a la mañana. En muchos casos, se trata de esfuerzos organizados por comunidades de corretaje como Wall Street Bets.

acciones tecnológicas: Cualquier acción relacionada con el sector tecnológico, desde los productores de semiconductores hasta los proveedores de *software*.

activo: Algo que agrega dinero a tu cartera, como acciones, bonos, bienes inmuebles que generen ingresos y un negocio que no requiera tu presencia.

agente bursátil: Persona que compra acciones y las mantiene a corto plazo (minutos, días, semanas o meses) con la expectativa de generar una ganancia.

alcista (*bullish*): Sentimiento general o sensación de que el mercado de valores es alcista y seguirá siéndolo.

análisis fundamental: Utilización de las rentas, las ganancias, el crecimiento futuro, la rentabilidad de los fondos propios y los márgenes de ganancia, así como otros datos para determinar el valor de una empresa y su potencial de crecimiento futuro.

análisis técnico: El uso de datos históricos del mercado, incluidos el precio y el volumen, y el uso de gráficos para predecir los movimientos futuros del precio para obtener ganancias potenciales.

bajista (*bearish*): Sentimiento general o sensación de que el mercado de valores está en tendencia bajista y continuará haciéndolo.

beneficiario: Persona o entidad que recibirá tus cuentas de ahorro de alto rendimiento, IRA, HSA y cuentas de corretaje cuando fallezcas.

bolsa de valores: Infraestructura que facilita la negociación de valores de renta variable o acciones. Proporciona un mecanismo formal donde cotizan las acciones y se realizan las transacciones bursátiles. Las bolsas de valores pueden ser electrónicas o manuales y proporcionan información pertinente sobre el tamaño del mercado de valores.

burbuja bursátil: Tipo de burbuja económica que tiene lugar en los mercados de valores cuando los participantes en el mercado llevan los precios de las acciones por encima de su valor.

capital: Cantidad de dinero prestado.

capitalización bursátil: Valor de una empresa que cotiza en bolsa, determinado multiplicando el número total de acciones que ofrece la empresa por el precio actual de la acción.

cartera de inversiones: Agrupación de activos financieros como acciones, bonos, divisas, etcétera.

catalizador: Acontecimiento que provoca un cambio sustancial, positivo o negativo, en la cotización actual de una acción.

colapso del mercado: Caída drástica del mercado debido a un acontecimiento catastrófico importante o al hundimiento de una burbuja especulativa.

Comisión del Mercado de Valores (SEC, por sus siglas en inglés): Agencia independiente del Gobierno de Estados Unidos que regula el mercado de valores y protege a los inversores.

contador público (CPA, por sus siglas en inglés): Miembro de un colegio profesional de contadores acreditados.

corrección del mercado: Descenso del mercado superior al 10 % pero inferior al 20 % en el índice S&P 500.

costo base: Valor promedio de todas las acciones que posees.

costo de los bienes vendidos (COGS, por sus siglas en inglés): Indica el costo de producción de los bienes o servicios vendidos por una empresa.

cuenta de ahorros para gastos médicos (HSA): Tipo de cuenta de ahorro para gastos médicos cualificados.

cuenta de ahorro de alto rendimiento: Cuenta de ahorro que suele pagar entre veinte y veinticinco veces más que una cuenta de ahorro normal.

cuenta de corretaje: Cuenta de inversión que te da acceso al mercado de valores y te permite comprar acciones, bonos, IRAs y otros tipos de valores.

devaluación: Disminución del valor monetario de un activo debido al uso, desgaste u obsolescencia.

dividendo: Distribución (pago) de las ganancias de una empresa a sus accionistas.

división de acciones: Decisión de una empresa de aumentar el número de participaciones emitiendo más.

división inversa de acciones: Reducción del número de acciones negociadas de una empresa que da lugar a un aumento del valor por acción o de las ganancias por acción.

empresa de corretaje: Empresa que pone en contacto a compradores y vendedores para agilizar sus transacciones en el mercado de valores.

empresa que cotiza en bolsa: También conocida como empresa pública, empresa de titularidad pública, o sociedad anónima, se trata de una empresa cuya propiedad está en manos de quienes poseen participaciones de sus acciones.

estado de flujo de caja: Estado financiero que refleja los cambios en un balance relativos al efectivo y equivalentes de efectivo.

estado de ingresos: También conocida como estado de pérdidas y ganancias, nos muestra los ingresos de la empresa, el costo de los bienes vendidos y los gastos, incluidos los costos operativos de la empresa durante un periodo de tiempo, y nos permite saber cómo está funcionando la empresa en la generación de ingresos y lo eficiente que es con los gastos operativos.

ETF: Fondo cotizado en bolsa, una cesta de acciones que cotiza de forma similar a las acciones individuales, pero que no se limita a un sector.

explotar y desechar (también conocido como *pump and dump*): Cuando un grupo de agentes experimentados se organiza en comunidades de chat como Reddit y Discord para hacer subir a propósito una acción, creando expectación en torno a ella en las noticias, para que un montón de inversores en general inexpertos la compren rápidamente y la lleven a nuevos máximos históricos. Es entonces cuando los agentes experimentados actúan de inmediato y venden las acciones, multiplicando su dinero, mientras que la mezcla de inversores inexpertos que no investigaron se quedan en el lado perdedor.

FDIC: La Corporación Federal de Seguro de Depósitos, o FDIC, es una agencia federal independiente que salvaguarda tus depósitos en caso de que tu banco quiebre debido a una recesión económica. El importe máximo asegurable estándar para una cuenta asegurada por la FDIC es de $250 000.

FOMO: Acrónimo de *fear of missing out* (miedo a perderse algo), utilizado cuando una acción experimenta una subida considerable de precio.

ganancia bruta: Los ingresos menos los costos de las mercancías vendidas.

ganancias no distribuidas: Cantidad de ganancias que le quedan a una empresa después de pagar todos los gastos e impuestos, así como sus dividendos a los accionistas.

ganancia operativa: Beneficios antes de intereses e impuestos, o EBIT por sus siglas en inglés: es el beneficio bruto menos los gastos operativos.

ganancia por acción (EPS, por sus siglas en inglés): Esta cifra se calcula dividiendo los ingresos netos de una empresa entre sus acciones en circulación —es decir, la cantidad de acciones que la empresa ha emitido para su distribución/propiedad— y muestra lo rentable que es una empresa por acción.

ganancias y pérdidas no realizadas: También conocidas como ganancias y pérdidas «en papel», es la cantidad de dinero que has ganado o perdido con las acciones que has comprado pero aún no has vendido.

ganancias y pérdidas realizadas: Cantidad de dinero perdido o ganado por la venta de una acción.

gráfico bursátil: Gráfico que muestra información, como el precio y el volumen de compra, sobre el comportamiento de una empresa que cotiza en bolsa en distintos periodos.

hoja de balance: Estado financiero que informa sobre el activo, el pasivo y el patrimonio neto de una empresa.

horario posterior del mercado: El horario fuera de mercado es de lunes a viernes de 4:00 p. m. EST a 8:00 p. m. EST.

horario previo al mercado: El horario previo al mercado es de lunes a viernes de 4:00 a. m. a 9:30 a. m. EST.

horario tradicional del mercado de valores: El horario tradicional del mercado es de lunes a viernes de 9:30 a. m. a 4:00 p. m. EST.

horizonte a corto plazo: Objetivo o estrategia de inversión para mantener un activo durante menos de diez años.

horizonte a largo plazo: Objetivo o estrategia de inversión para mantener un activo durante más de diez años y hasta veinte o más.

horizonte temporal: Tiempo que se espera mantener una inversión. Los horizontes temporales vienen determinados por los objetivos y las estrategias de inversión.

índice: Agrupación de acciones que cumplen criterios específicos que sirven de referencia para seguir el movimiento del mercado, permitiéndonos comparar los niveles de precios actuales con los pasados, de modo que podamos ver el rendimiento general del mercado y medir la salud de la economía.

índice industrial Dow Jones: Índice que se utiliza para seguir el precio de cada acción de treinta empresas de primera categoría que cotizan en bolsa.

índice Nasdaq Composite: Índice que sigue principalmente acciones tecnológicas, como los famosos FANG (Facebook, Amazon, Netflix y Google).

índice Standard and Poor's 500 (S&P 500): Índice que sigue a las quinientas principales empresas que cotizan en el mercado Nasdaq o en la bolsa de Nueva York. Es el índice más utilizado para reflejar el mercado de valores estadounidense y la economía en general.

inflación: Disminución del poder adquisitivo del dinero, que se mide por el encarecimiento de un conjunto de bienes y servicios a lo largo de tiempo.

ingreso neto: Ingresos operativos menos intereses e impuestos, es decir, dinero libre de costos y gastos.

interés: Precio que se paga por pedir dinero prestado.

interés compuesto: Cantidad que ganas tanto sobre el capital como sobre los intereses acumulados.

interés simple: Cantidad ganada sobre el capital inicial prestado o depositado. Las cuentas de interés simple suelen corresponder a una hipoteca, a un préstamo de carro o a una cuenta bancaria, dependiendo del banco.

inversión a corto plazo: Inversión que mantienes durante menos de un año.

inversión a largo plazo: Inversión que piensas mantener durante al menos un año.

inversor bursátil: Persona que compra acciones y las mantiene a largo plazo con la expectativa de generar ganancias.

inversor minorista: Inversor particular que compra y vende acciones.

IRA tradicional: Cuenta de jubilación individual financiada con dinero antes de impuestos.

línea inferior final: Ingresos netos libres de costos y gastos.

línea superior: Cantidad de rentas que ha ingresado en la empresa.

llamada de resultados: Conferencia telefónica en la que los ejecutivos de una empresa que cotiza en bolsa discuten sus estados financieros trimestrales y dan orientaciones sobre el futuro de la empresa.

matrícula del mercado: Cuando las pérdidas en una inversión son una pérdida realizada (ver *ganancias y pérdidas realizadas*) y has perdido dinero en el mercado. Las lecciones aprendidas de la pérdida se consideran la matrícula pagada al mercado de valores.

máximo de cincuenta y dos semanas: Indica el precio de venta más alto que ha alcanzado y cerrado la acción en las últimas cincuenta y dos semanas.

mercado alcista: Cuando el índice S&P 500 ha subido un 20 % desde el mínimo más reciente, sin signos de desaceleración.

mercado bajista: Descenso sostenido del 20 % en el mercado de valores durante dos meses o más, específicamente en el índice S&P 500.

mercado de valores: Donde los inversores o comerciantes se conectan para comprar y vender participaciones de propiedad de una empresa que cotiza en bolsa. Las bolsas más conocidas del mercado de valores son la bolsa de Nueva York y la Nasdaq.

mínimo de cincuenta y dos semanas: Indica el mínimo que ha alcanzado y al que ha cerrado el precio de la acción en las últimas cincuenta y dos semanas.

participación accionaria para empleados: La opción de poseer acciones de tu lugar de trabajo.

participaciones fraccionadas: Participaciones que son trozos o fracciones de una participación completa de una empresa o ETF.

pasivo: Algo que saca dinero de tu cartera, como hipotecas, préstamos para carros, tarjetas de crédito, deudas e impuestos.

patrimonio: En contabilidad, representa los activos menos los pasivos. El patrimonio en la propiedad de una vivienda es el importe de tu préstamo menos el valor de la casa. El patrimonio en acciones es el precio de compra menos el valor actual de las acciones. El patrimonio en una empresa emergente es un porcentaje de la propiedad de la empresa y del crecimiento futuro.

patrimonio neto: Activos de una empresa menos sus pasivos, lo que representa el patrimonio neto de la empresa.

planificación patrimonial: Proceso de planificación de la gestión y distribución de los bienes de una persona tras su fallecimiento.

plusvalía: Beneficio obtenido por la venta de un activo que ha aumentado de valor durante el periodo de tenencia.

puntuación CDP: El CDP (antes conocido como el Proyecto de Divulgación del Carbono) evalúa y divulga el impacto medioambiental de una empresa.

ratio de liquidez: Ecuación que se calcula dividiendo el activo corriente de una empresa entre su pasivo circulante. La ratio de liquidez nos permite conocer la salud de la empresa y cuánto tiempo podría mantenerse si tuviera que cerrar.

relación precio-ganancia (P/E, por sus siglas en inglés): Esta cifra indica cuánto pagan los inversores por cada dólar de las ganancias anuales de una empresa. Por ejemplo, si el P/E de una empresa es 15, significa que las acciones cuestan 15 veces la ganancia que la empresa obtiene por acción al año.

rendimiento porcentual anual (APY, por sus siglas en inglés): Tasa de rendimiento obtenida por una inversión, teniendo en cuenta el interés compuesto.

rendimiento de dividendos: Relación compuesta por el precio actual de las acciones y el importe total de los dividendos del último año.

rentas: Dinero generado por los bienes y servicios vendidos.

revalorizar: Aumentar el valor o precio.

Roth IRA: Cuenta de jubilación individual financiada con dinero después de impuestos.

sectores del mercado: Existen once categorías de negociación diferentes en el mercado, conocidas como sectores, en las que puedes encontrar bienes y servicios similares: tecnología, cuidado de salud, servicios financieros, consumo discrecional, servicios de comunicación, industrial, bienes de consumo básicos, energía, servicios básicos, inmobiliario y materiales.

símbolo bursátil: También conocido como *ticker symbol*, es una serie única de letras asignada a una empresa que cotiza en bolsa y que se utiliza para identificar las acciones en el momento de la compra.

sistema activador reticular (SRA): Conjunto de neuronas situado en el tronco encefálico que recibe información sobre todo lo que activa nuestros sentidos.

stonks: Error ortográfico intencionado de la palabra «acciones» en inglés, *stocks*. El término se utiliza de forma humorística, subrayando las pérdidas que suelen sufrir las acciones meme y burlándose de la falta de conocimientos que muestran los nuevos inversores.

temporada de resultados: Los cuatro trimestres de cada año en los que se hacen públicos los estados financieros.

volatilidad: Subidas y bajadas bruscas de una acción, con grandes oscilaciones al alza y grandes oscilaciones a la baja.

RECURSOS

A continuación encontrarás una lista de recursos para mejorar aún más tu camino de guerrera de la riqueza más allá de estas páginas.

Acompáñame en una inmersión más profunda en el mercado de valores:

Wealth Warrior: el curso: https://www.inluzwetrust.com/wwthecourse

Sitios web útiles:

Investopedia para términos: https://www.investopedia.com/

Yahoo! Finanzas para gráficos y noticias: https://es-us.finanzas.yahoo.com/

Finviz para el mapa que toma la temperatura de las acciones en tiempo real en el S&P 500: https://finviz.com/

CNBC para noticias bursátiles: https://www.cnbc.com/

Earnings Whispers para actualizaciones sobre beneficios: https://www.earningswhispers.com/

Seeking Alpha para noticias del mercado de valores: https://seekingalpha.com/

Grupos comunitarios:

Boletín de ILWT: https://www.inluzwetrust.com/contact
Patreon con acceso a Discord: https://www.patreon.com/inluzwetrust
ILWT Instagram: https://www.instagram.com/inluzwetrust/
Luz Warrior Instagram: https://www.instagram.com/luzwarrior/
ILWT Twitter: https://twitter.com/inluzwetrust
Pódcast *Investies*: https://podcasts.apple.com/us/podcast/investies/id1698777570
Pódcast *Let There Be Luz*: https://podcasts.apple.com/us/podcast/let-there-be-luz/id1278718509

Cinco libros que te recomiendo que consultes:

My Stock Market Workbook de Elizabeth Ruiz y Linda García
El libro de la abundancia de John Randolph Price
El hombre más rico de Babilonia de George S. Clason
La ley de la divina compensación: y cómo actúa en el trabajo, el dinero y los milagros de Marianne Williamson
Piense y hágase rico de Napoleon Hill
Para más opciones, consulta mi lista completa en: https://www.amazon.com/shop/luzwarrior/list/5QHZY2DBAC9K?ref_=aip_sf_list_spv_ofs_mixed_d